아주 쉬운 통통
영어 알파벳
따라 쓰기

윤영화 지음

태을출판사

아주 쉬운 통통

영어 알파벳
따라 쓰기

초판 1쇄 발행 | 2020년 07월 30일
초판 2쇄 발행 | 2022년 06월 05일
지은이 | 윤영화
펴낸곳 | 태을출판사
펴낸이 | 최원준
등록번호 | 제1973.1.10(제4-10호)
주소 | 서울시 중구 동화동 52-107호(동아빌딩 내)
전화 | 02-2237-5577
팩스 | 02-2233-6166
ISBN 978-89-493-0616-2   13740

머리말

알파벳에 대하여 알아볼까요?

영어의 문자인 알파벳은 대문자 26개와 소문자 26개의 총 52개의 글자로 구성되었고, 알파벳도 한글과 마찬가지로 쓰는 순서가 있기 때문에 이를 잘 보고 연습할 수 있도록 가르쳐 주면 쓰기 연습을 통해 알파벳을 바르게 익힐 수 있습니다.

알파벳은 어떻게 배울까요?

처음 영어를 배우는 아이들은 무작정 쓰기만 하면 영어에 대한 흥미가 떨어질 수 있으므로 이 책에서는 다양한 방법과 중간중간에 귀여운 그림을 삽입하여 재미있게 익힐 수 있도록 구성하였습니다.
이 한권의 책을 보며 A부터 Z까지 알파벳순으로 문자를 차근차근 읽고 쓰는 방법부터 순서대로 배우는 게 좋습니다.

쉽게 따라 쓰며 기억력을 높이는 알파벳 학습하기

A부터 Z까지 대문자와 소문자의 따라 쓰는 순서부터 알파벳순으로 정리한 기초 영어 단어까지 읽고 쓰면서 공부해 보세요. 손으로 직접 쓰면서 익히면 두뇌활동이 활발하게 이루어져서 아이들의 인지력과 기억력이 높아지고 영어의 기초도 탄탄하게 만들어줄 겁니다.

매일 알파벳을 따라 읽고 쓰면서 자신감을 높이세요!

영어의 시작인 알파벳 따라 쓰기는 한번에 많이 쓰는 것보다 매일 꾸준히 쓰는 연습을 하는 것이 더욱 효과적이니 시간과 분량을 정해 놓고 천천히 정확하게 따라 쓰다 보면 자연스럽게 영어에 대한 자신감이 생기고 공부 습관이 길러집니다.

이 책을 이렇게 활용하세요!

대문자와 소문자 A부터 Z까지 알파벳 52개를 따라 쓰는 순서부터 알파벳순으로 정리한 기초 영어 단어를 한 권에 담았습니다. 처음 영어를 시작하는 아이들이 부담없이 따라 쓰며 쉽고 재미있게 기초를 쌓을 수 있도록 구성했습니다.

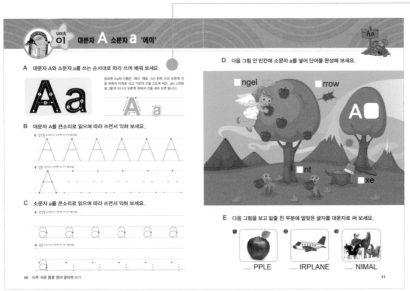

알파벳 대문자 소문자 익히기

글자의 이름과 글자 쓰는 법을 보면서 대문자와 소문자 Aa~Zz까지 따라서 쓰면서 익혀 보세요. 순서에 맞게 크게 읽으며 글자와 모양을 익히도록 충분히 연습합니다. 이때 시작하는 점과 끝나는 점을 따라 정확하게 쓸 수 있도록 연습합니다.

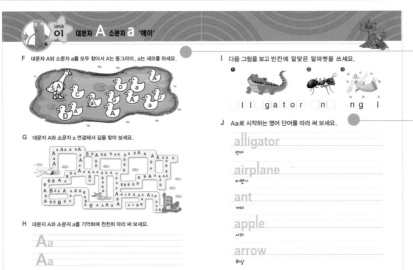

다양한 놀이로 익히기

알파벳을 읽고 쓰기 연습을 한 다음 재미있는 놀이를 통해 글자를 익힙니다.

영어 단어 따라 쓰기

Aa~Zz까지 알파벳 순서대로 단어들이 나열되어 있어요. 앞에서 배운 것을 기억하면서 영어 단어를 해당하는 줄에 맞춰서 예쁘게 따라 써 보세요.

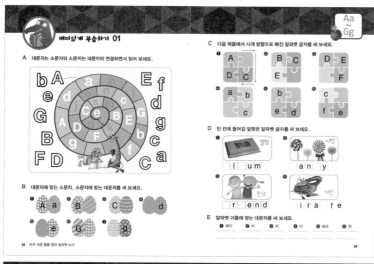

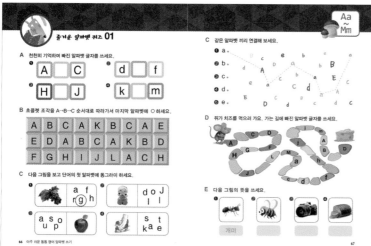

재미있게 복습하기 &
즐거운 알파벳 퀴즈

앞에서 익힌 알파벳을 확인할 수 있는 알파벳 글자와 단어를 게임을 통해 재미있게 익혀 보세요. 해당하는 그림의 알파벳을 찾아 줄을 잇거나 빈칸을 채우며 영어단어의 스펠링을 올바르게 쓰고 다시 나열하며 복습해 보세요.

알파벳 영어 차트

대문자 A~Z와 소문자 a~z까지 알파벳 차트를 수록 해 놓았어요. 책에서 분리해서 잘 보이는 곳에 두고 수시로 읽고 써 보세요.

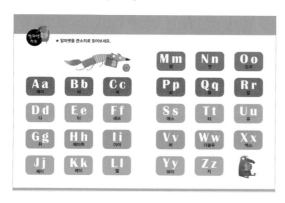

알파벳 카드

대문자 A~Z까지, 소문자 a~z까지 알파벳 카드와 재미있게 활용하는 방법을 수록하여 알파벳을 익히도록 하였습니다.

차례

알파벳 차트

★ 알파벳을 큰소리로 읽어보세요.

A a
에이

B b
비

C c
씨

D d
디

E e
이

F f
에프

G g
쥐

H h
에이취

I i
아이

J j
제이

K k
케이

L l
엘

M m 엠	**N n** 엔	**O o** 오우
P p 피	**Q q** 큐	**R r** 알
S s 에스	**T t** 티	**U u** 유
V v 뷔	**W w** 더블유	**X x** 엑스
Y y 와이	**Z z** 지	

A 대문자 A와 소문자 a를 쓰는 순서대로 따라 쓰며 배워 보세요.

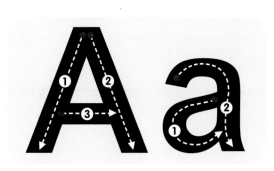

알파벳 Aa의 이름은 '에이' 예요. 대문자 A는 왼쪽 선과 오른쪽 선을 위에서 아래로 긋고 가운데 선을 그으며 써요. 소문자 a는 c처럼 동그랗게 쓰다가 오른쪽 위에서 선을 내려 쓰면 됩니다.

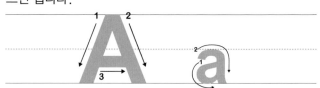

B 대문자 A를 큰소리로 읽으며 차근차근 따라 써 보세요.

◆ 점선을 따라서 예쁘게 써 보세요.

◆ 점을 이어서 예쁘게 써 보세요.

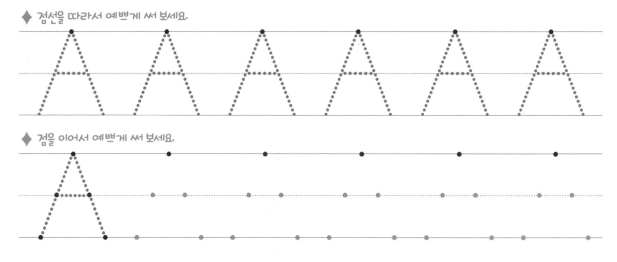

C 소문자 a를 큰소리로 읽으며 차근차근 따라 써 보세요.

◆ 점선을 따라서 예쁘게 써 보세요.

◆ 점을 이어서 예쁘게 써 보세요.

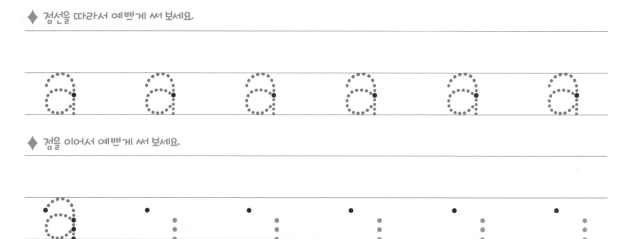

D 다음 그림 안 빈칸에 소문자 a를 넣어 단어를 완성해 보세요.

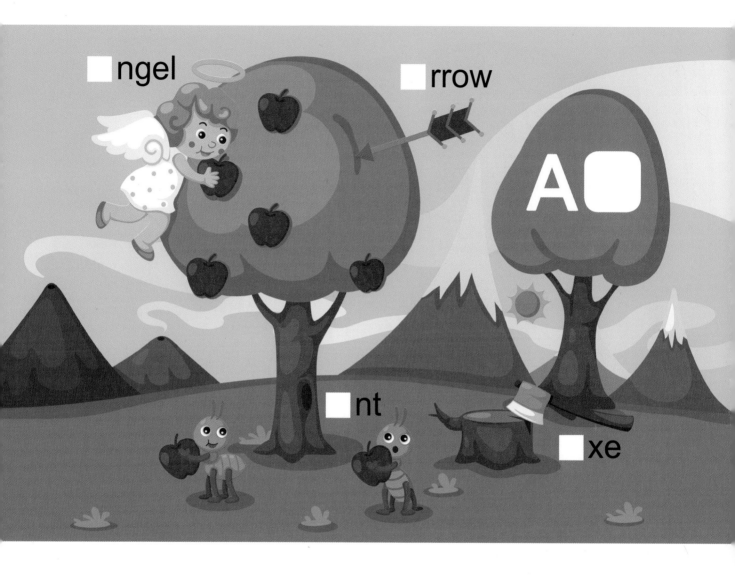

E 다음 그림을 보고 밑줄 친 부분에 알맞은 글자를 대문자로 써 보세요.

❶

___ PPLE

❷

___ IRPLANE

❸

___ NIMAL

F 대문자 A와 소문자 a를 모두 찾아서 A는 동그라미, a는 세모를 하세요.

G 대문자 A와 소문자 a를 연결해서 길을 찾아 보세요.

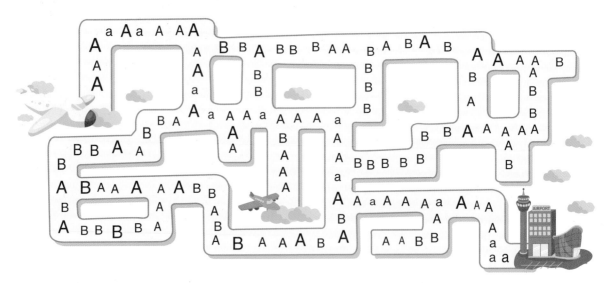

H 대문자 A와 소문자 a를 기억하며 천천히 따라 써 보세요.

Aa

Aa

I 다음 그림을 보고 빈칸에 알맞은 알파벳을 쓰세요.

❶ ❷ ❸

| | l | l | | g | a | t | o | r | | | n | | | | n | g | | l |

J Aa로 시작하는 영어 단어를 따라 써 보세요.

alligator

악어

airplane

비행기

ant

개미

apple

사과

arrow

화살

A 대문자 B와 소문자 b를 쓰는 순서대로 따라 쓰며 배워 보세요.

알파벳 Bb의 이름은 '비' 예요. 대문자 B는 먼저 직선을 긋고 두 개의 작은 곡선을 연속해서 그리듯이 한 번에 써요. 소문자 b는 아래로 긴 직선을 긋고 옆으로 작은 동그라미를 그리듯 씁니다.

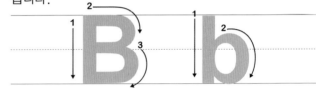

B 대문자 B를 큰소리로 읽으며 차근차근 따라 써 보세요.

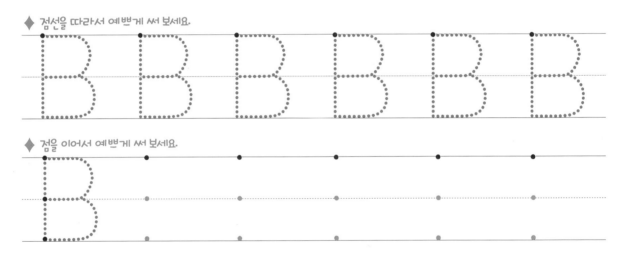

C 소문자 b를 큰소리로 읽으며 차근차근 따라 써 보세요.

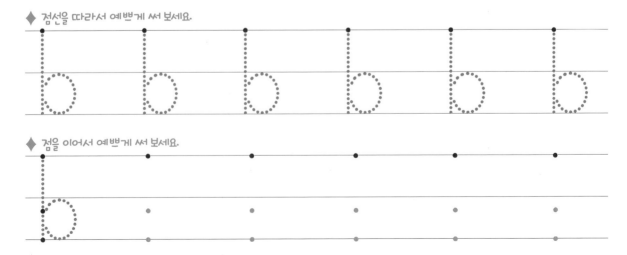

D 다음 그림 안 빈칸에 소문자 b를 넣어 단어를 완성해 보세요.

B☐

☐ee

☐alloon

☐ear

☐utterfly

E 다음 그림을 보고 밑줄 친 부분에 알맞은 글자를 대문자로 써 보세요.

❶ ＿ IRD

❷ ＿ AG

❸ ＿ ANANA

F 대문자 B와 소문자 b를 모두 찾아서 B는 동그라미, b는 세모를 하세요.

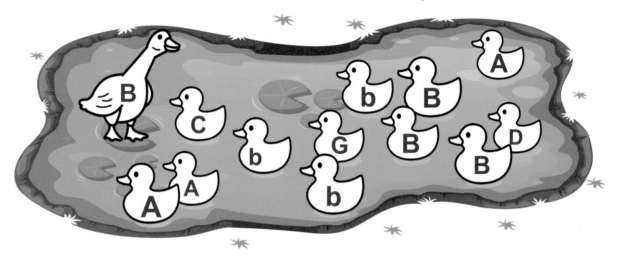

G 대문자 B와 소문자 b를 연결해서 길을 찾아 보세요.

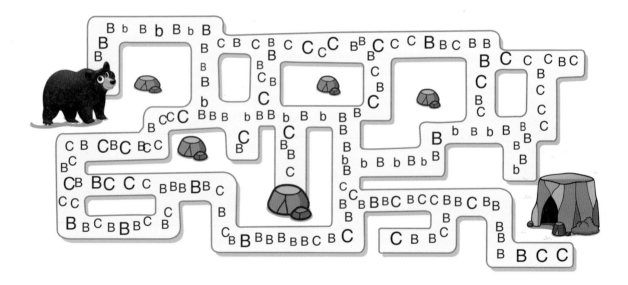

H 대문자 B와 소문자 b를 기억하며 천천히 따라 써 보세요.

I 다음 그림을 보고 빈칸에 알맞은 알파벳을 쓰세요.

① ☐ ☐ l l

② ☐ u s

③ ☐ e a ☐

J Bb로 시작하는 영어 단어를 따라 써 보세요.

bee

벌

book

책

bear

곰

bird

새

banana

바나나

Unit 03   대문자 C 소문자 c '씨'

A 대문자 C와 소문자 c를 쓰는 순서대로 따라 쓰며 배워 보세요.

알파벳 Cc의 이름은 '씨' 예요. 대문자 C는 왼쪽으로 원을 그리듯이 둥근 곡선을 한 번에 써요. 소문자 c는 C 글자의 크기를 반으로 줄여 아래칸에 맞춰서 한 번에 써요.

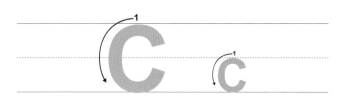

B 대문자 C를 큰소리로 읽으며 차근차근 따라 써 보세요.

◆ 점선을 따라서 예쁘게 써 보세요.

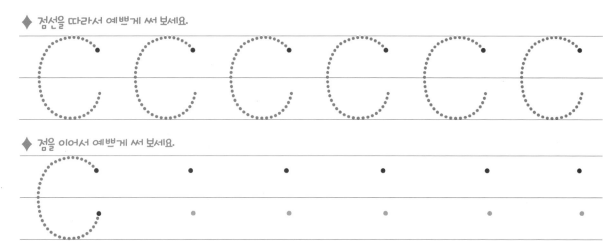

◆ 점을 이어서 예쁘게 써 보세요.

C 소문자 c를 큰소리로 읽으며 차근차근 따라 써 보세요.

◆ 점선을 따라서 예쁘게 써 보세요.

◆ 점을 이어서 예쁘게 써 보세요.

D 다음 그림 안 빈칸에 소문자 c를 넣어 단어를 완성해 보세요.

□loud

C□

□ow

□arrot

□actus

E 다음 그림을 보고 밑줄 친 부분에 알맞은 글자를 대문자로 써 보세요.

❶

__ HAMELEON

❷

__ LOCK

❸

__ AR

F 대문자 C와 소문자 c를 모두 찾아서 C는 동그라미, c는 세모를 하세요.

G 대문자 C와 소문자 c를 연결해서 길을 찾아 보세요.

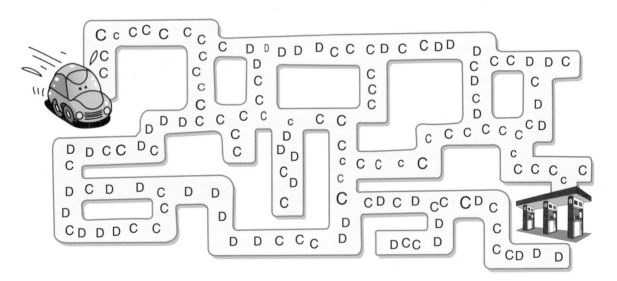

H 대문자 C와 소문자 c를 기억하며 천천히 따라 써 보세요.

Cc

Cc

I 다음 그림을 보고 빈칸에 알맞은 알파벳을 쓰세요.

❶ ⬜ a ⬜

❷ ⬜ a n y

❸ ⬜ h a ⬜ r

J Cc로 시작하는 영어 단어를 따라 써 보세요.

cup
컵

color
색깔

child
어린이

car
자동차

cake
케이크

Unit 04 대문자 D 소문자 d '디'

A 대문자 D와 소문자 d를 쓰는 순서대로 따라 쓰며 배워 보세요.

알파벳 Dd의 이름은 '디' 예요. 대문자 D는 먼저 긴 직선을 그리고 위에서부터 아래까지 반원 모양으로 그리듯 써요. 소문자 d는 왼쪽 아래칸에 c처럼 원을 그리고 선을 위로 이어 쓴 후 긴 직선을 아래로 그려주듯 써요.

B 대문자 D를 큰소리로 읽으며 차근차근 따라 써 보세요.

◆ 점선을 따라서 예쁘게 써 보세요.

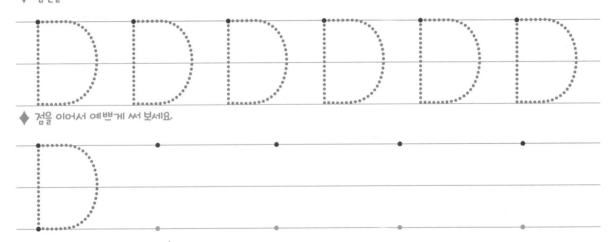

◆ 점을 이어서 예쁘게 써 보세요.

C 소문자 d를 큰소리로 읽으며 차근차근 따라 써 보세요.

◆ 점선을 따라서 예쁘게 써 보세요.

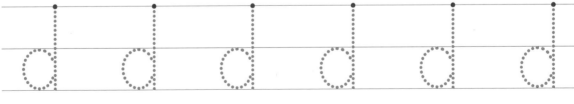

◆ 점을 이어서 예쁘게 써 보세요.

22 아주 쉬운 통통 영어 알파벳 쓰기

D 다음 그림 안 빈칸에 소문자 d를 넣어 단어를 완성해 보세요.

☐ress

☐onut

☐ish

☐octor

E 다음 그림을 보고 밑줄 친 부분에 알맞은 글자를 대문자로 써 보세요.

❶

＿ OG

❷

＿ RUM

❸

＿ UCK

F 대문자 D와 소문자 d를 모두 찾아서 D는 동그라미, d는 세모를 하세요.

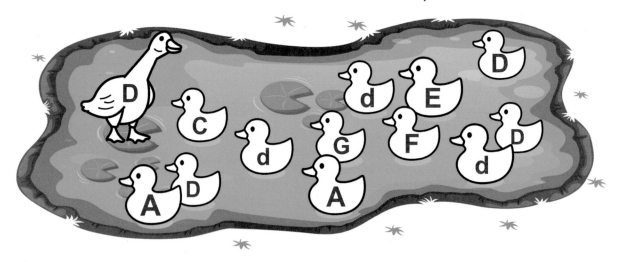

G 대문자 D와 소문자 d를 연결해서 길을 찾아 보세요.

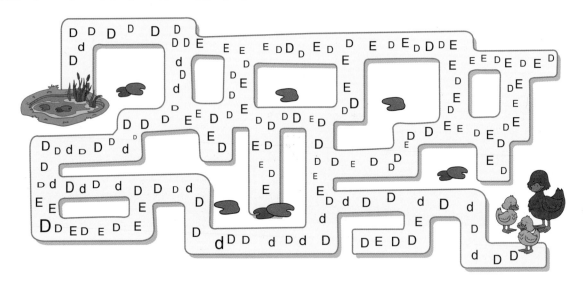

H 대문자 D와 소문자 d를 기억하며 천천히 따라 써 보세요.

Dd

Dd

I 다음 그림을 보고 빈칸에 알맞은 알파벳을 쓰세요.

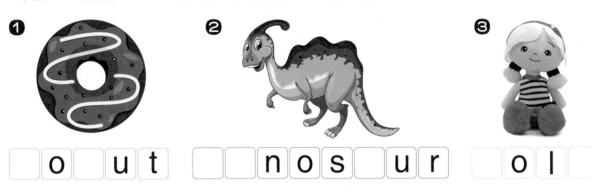

❶ ☐ o u t　❷ ☐ ☐ n o s ☐ u r　❸ ☐ o l ☐

J Dd로 시작하는 영어 단어를 따라 써 보세요.

dog

개

desk

책상

duck

오리

dress

드레스

doctor

의사

Unit 05 대문자 E 소문자 e '이'

A 대문자 E와 소문자 e를 쓰는 순서대로 따라 쓰며 배워 보세요.

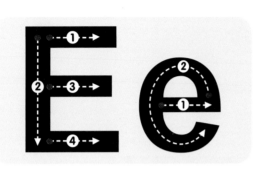

알파벳 Ee의 이름은 '이' 예요. 대문자 E는 가로 선 세 개 중 맨 위의 선을 긋고 옆으로 직선을 위에서 아래로 내린 다음 두 개의 선을 위부터 차례로 그어 써요. 소문자 e는 먼저 옆으로 선을 그은 위로 고리모양으로 부드럽게 원을 그리듯 써요.

B 대문자 E를 큰소리로 읽으며 차근차근 따라 써 보세요.

◆ 점선을 따라서 예쁘게 써 보세요.

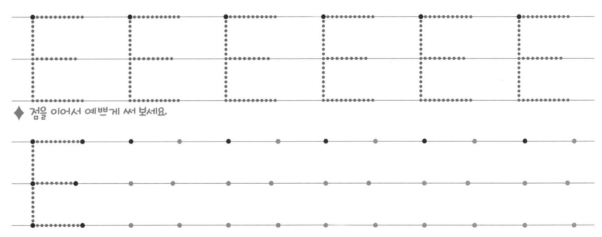

◆ 점을 이어서 예쁘게 써 보세요.

C 소문자 e를 큰소리로 읽으며 차근차근 따라 써 보세요.

◆ 점선을 따라서 예쁘게 써 보세요.

◆ 점을 이어서 예쁘게 써 보세요.

D 다음 그림 안 빈칸에 소문자 e를 넣어 단어를 완성해 보세요.

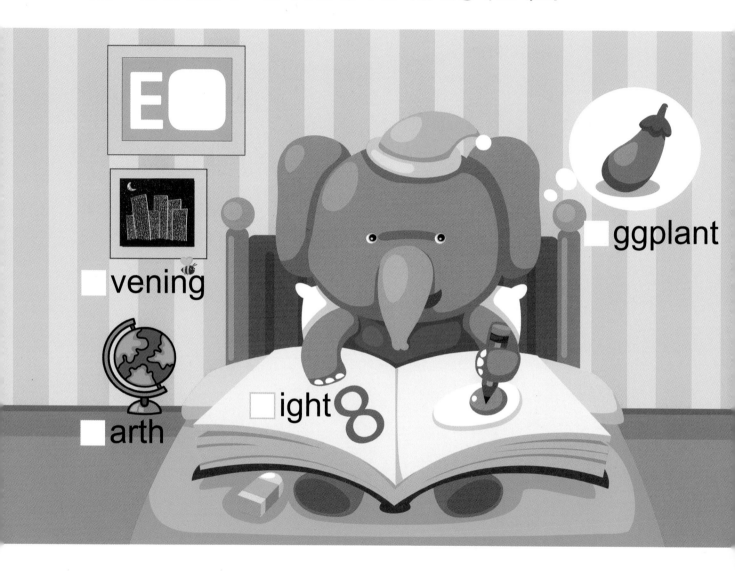

vening

ggplant

arth

ight

E 다음 그림을 보고 밑줄 친 부분에 알맞은 글자를 대문자로 써 보세요.

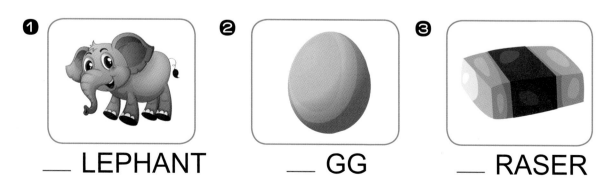

❶ ___ LEPHANT

❷ ___ GG

❸ ___ RASER

27

Unit 05 대문자 E 소문자 e '이'

F 대문자 E와 소문자 e를 모두 찾아서 E는 동그라미, e는 세모를 하세요.

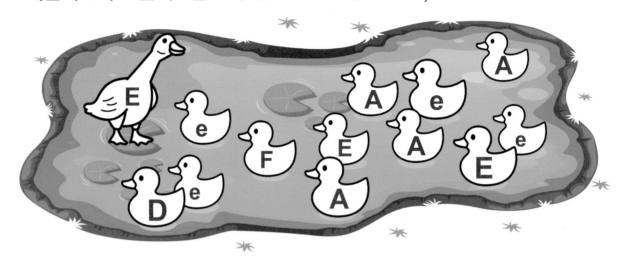

G 대문자 E와 소문자 e를 연결해서 길을 찾아 보세요.

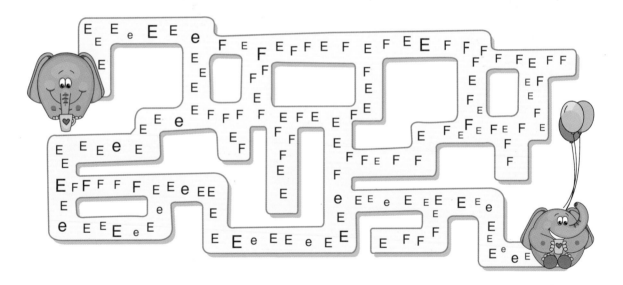

H 대문자 E와 소문자 e를 기억하며 천천히 따라 써 보세요.

Ee

Ee

28 아주 쉬운 통통 영어 알파벳 쓰기

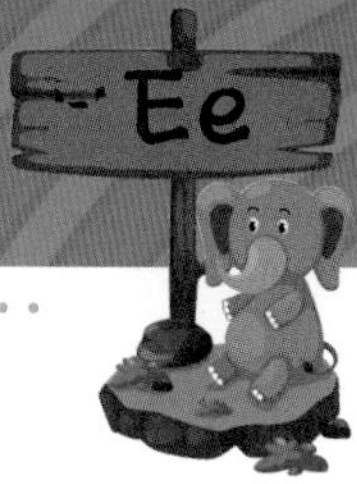

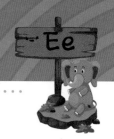

I 다음 그림을 보고 빈칸에 알맞은 알파벳을 쓰세요.

❶ 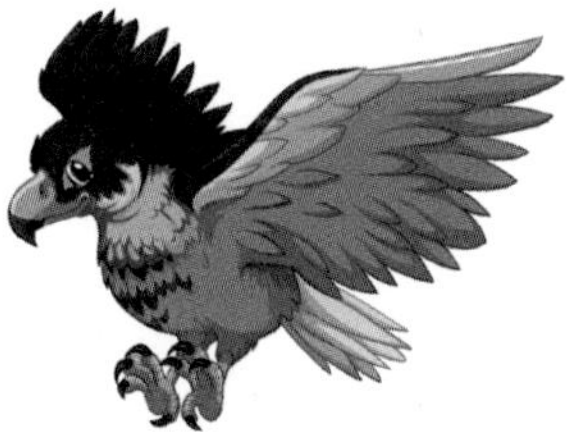

☐ a g ☐ e

❷ 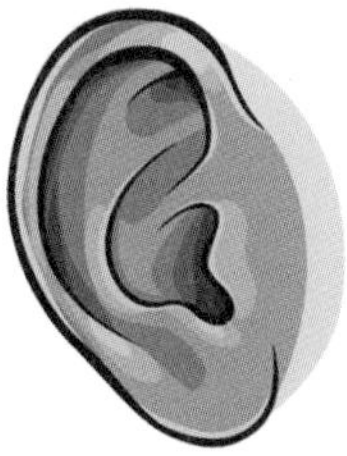

☐ a r

❸ 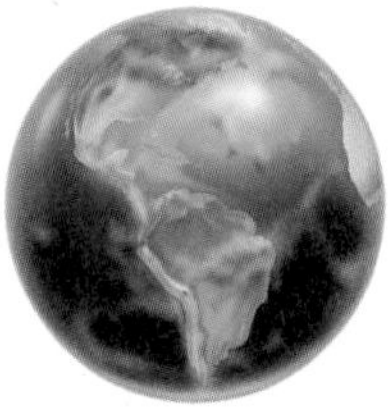

☐ a r ☐ h

J Ee로 시작하는 영어 단어를 따라 써 보세요.

east
동쪽

eraser
지우개

elephant
코끼리

end
끝

egg
달걀

대문자 F 소문자 f '에프'

A 대문자 F와 소문자 f를 쓰는 순서대로 따라 쓰며 배워 보세요.

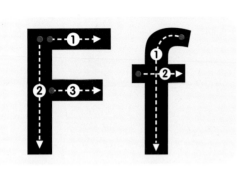

알파벳 Ff의 이름은 '에프' 예요. 대문자 F는 가로로 위의 선을 먼저 긋고 옆으로 직선을 위에서 아래로 그은 다음 가로로 아래 선을 그어 써요. 소문자 f는 갈고리 모양을 그리면서 내린 다음 가운데에 직선을 그으면서 써요.

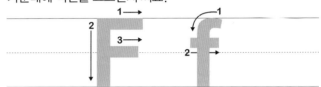

B 대문자 F를 큰소리로 읽으며 차근차근 따라 써 보세요.

◆ 점선을 따라서 예쁘게 써 보세요.

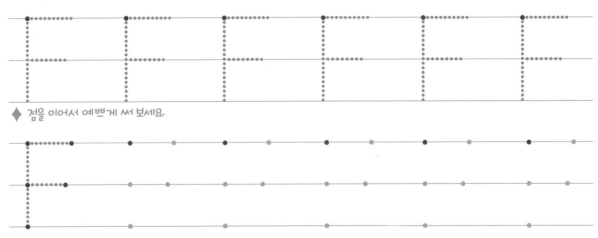

◆ 점을 이어서 예쁘게 써 보세요.

C 소문자 f를 큰소리로 읽으며 차근차근 따라 써 보세요.

◆ 점선을 따라서 예쁘게 써 보세요.

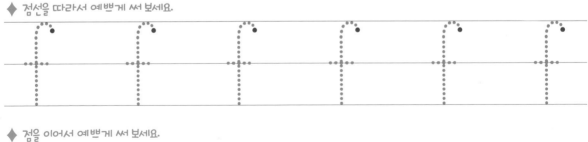

◆ 점을 이어서 예쁘게 써 보세요.

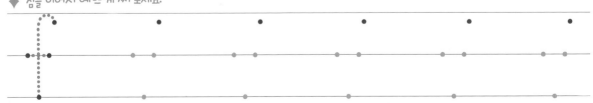

D 다음 그림 안 빈칸에 소문자 f를 넣어 단어를 완성해 보세요.

□ace

□ire

□ood

□rog

E 다음 그림을 보고 밑줄 친 부분에 알맞은 글자를 대문자로 써 보세요.

❶
___ OX

❷
___ ISH

❸
___ LOWER

대문자 F 소문자 f '에프'

F 대문자 F와 소문자 f를 모두 찾아서 F는 동그라미, f는 세모를 하세요.

G 대문자 F와 소문자 f를 연결해서 길을 찾아 보세요.

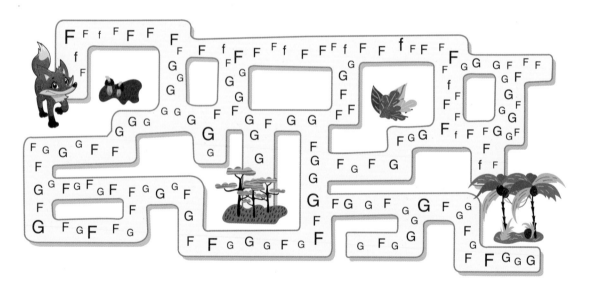

H 대문자 F와 소문자 f를 기억하며 천천히 따라 써 보세요.

Ff

Ff

I 다음 그림을 보고 빈칸에 알맞은 알파벳을 쓰세요.

❶ ❷ ❸

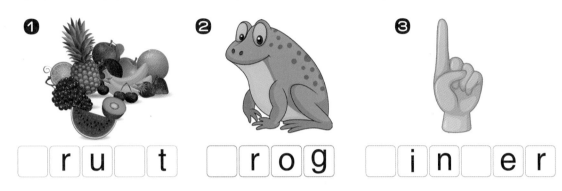

| | r | u | t | | r | o | g | | i | n | | e | r |

J Ff로 시작하는 영어 단어를 따라 써 보세요.

family
가족

face
얼굴

flower
꽃

fish
물고기

food
음식

Unit 07 대문자 **G** 소문자 **g** '쥐'

A 대문자 G와 소문자 g를 쓰는 순서대로 따라 쓰며 배워 보세요.

알파벳 Gg의 이름은 '쥐'예요. 대문자 G는 C처럼 크고 둥근 곡선을 그리듯이 쓴 다음 원 가운데부터 짧은 직선을 바깥쪽으로 곡선과 이어지게 그으며 써요. 소문자 g는 c를 쓰는 것처럼 원을 먼저 그린 다음 옆으로 직선을 원부터 내리면서 써요.

B 대문자 G를 큰소리로 읽으며 차근차근 따라 써 보세요.

◆ 점선을 따라서 예쁘게 써 보세요.

◆ 점을 이어서 예쁘게 써 보세요.

C 소문자 g를 큰소리로 읽으며 차근차근 따라 써 보세요.

◆ 점선을 따라서 예쁘게 써 보세요.

◆ 점을 이어서 예쁘게 써 보세요.

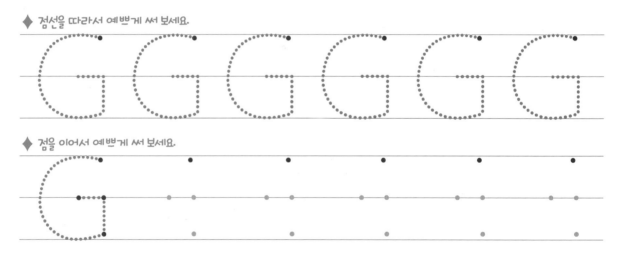

D 다음 그림 안 빈칸에 소문자 g를 넣어 단어를 완성해 보세요.

G◯

◻rape

◻uitar

◻irl

◻lass

E 다음 그림을 보고 밑줄 친 부분에 알맞은 글자를 대문자로 써 보세요.

❶ __ REEN

❷ __ IFT

❸ __ IRAFFE

35

F 대문자 G와 소문자 g를 모두 찾아서 G는 동그라미, g는 세모를 하세요.

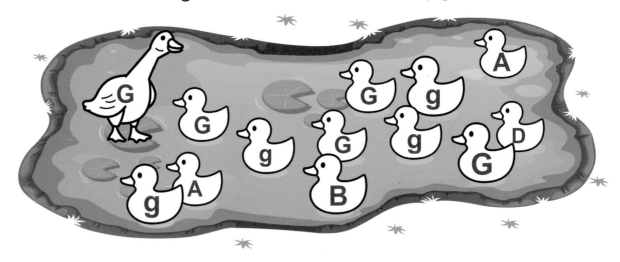

G 대문자 G와 소문자 g를 연결해서 길을 찾아 보세요.

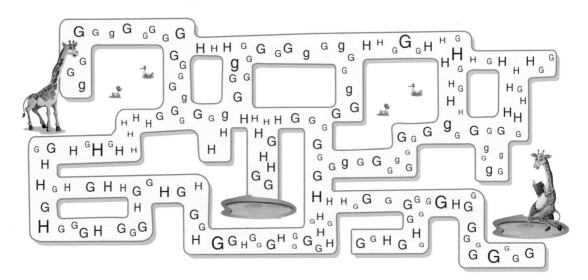

H 대문자 G와 소문자 g를 기억하며 천천히 따라 써 보세요.

Gg

Gg

I 다음 그림을 보고 빈칸에 알맞은 알파벳을 쓰세요.

❶    ❷    ❸

| | r | a | | e | s | | | o | a | | | | o | l | |

J Gg로 시작하는 영어 단어를 따라 써 보세요.

gift

선물

glass

유리

girl

소녀

game

게임

garden

정원

재미있게 복습하기 01

A 대문자는 소문자와 소문자는 대문자와 연결하면서 읽어 보세요.

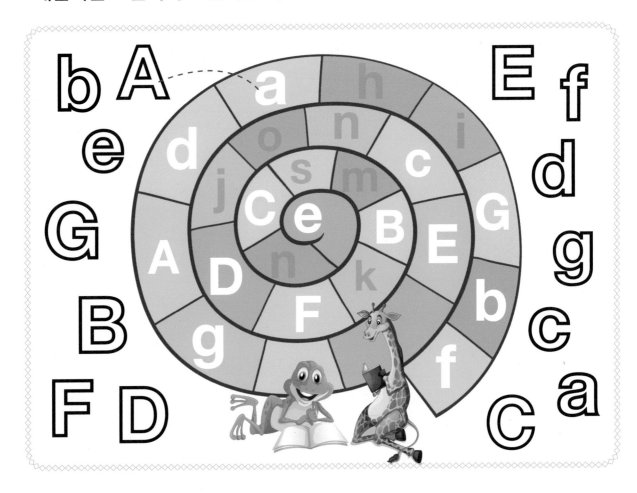

B 대문자에 맞는 소문자, 소문자에 맞는 대문자를 써 보세요.

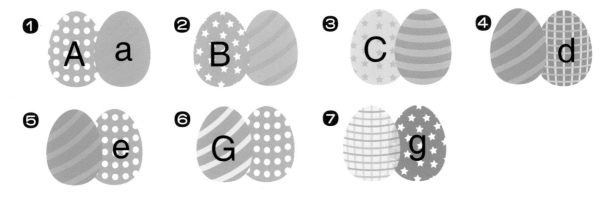

❶ A a
❷ B
❸ C
❹ d
❺ e
❻ G
❼ g

C 퍼즐에서 시계 방향으로 빠진 알파벳 글자를 써 보세요.

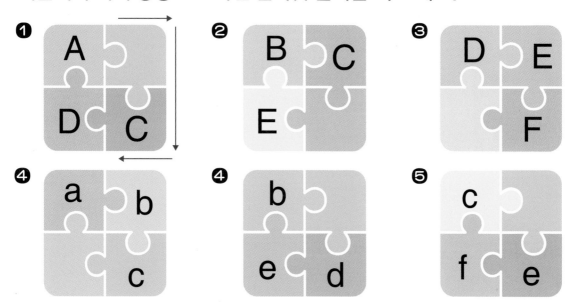

❶ A D C

❷ B C E

❸ D E F

❹ a b c

❹ b e d

❺ c f e

D 빈칸에 들어갈 알맞은 알파벳 글자를 써 보세요.

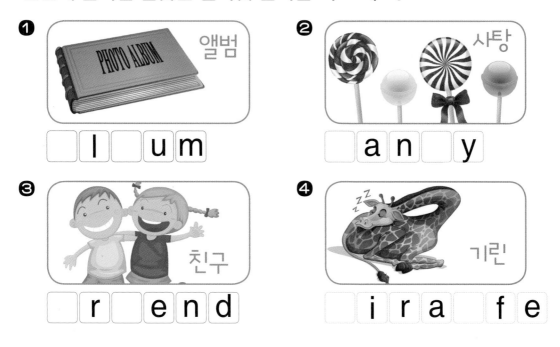

❶ 앨범
　l　u m

❷ 사탕
　a n　y

❸ 친구
　r e n d

❹ 기린
　i r a　f e

E 알파벳 이름에 맞는 대문자를 써 보세요.

❶ 에이　　❷ 비　　❸ 씨　　❹ 이　　❺ 에프　　❻ 쥐

대문자 **H** 소문자 **h** '에이취'

A 대문자 H와 소문자 h를 쓰는 순서대로 따라 쓰며 배워 보세요.

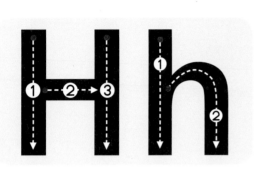

알파벳 Hh의 이름은 '에이취' 예요. 대문자 H는 위에서 아래로 왼쪽에 직선을 먼저 그은 다음 직선 중앙에서 우측으로 선을 긋고 이어서 직선을 위에서 아래로 써요. 소문자 h는 먼저 직선을 아래로 그은 다음 그대로 직선을 따라 겹쳐 그린 후 오른쪽 중간 쯤에 아치 모양을 그리듯이 써요.

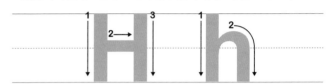

B 대문자 H를 큰소리로 읽으며 차근차근 따라 써 보세요.

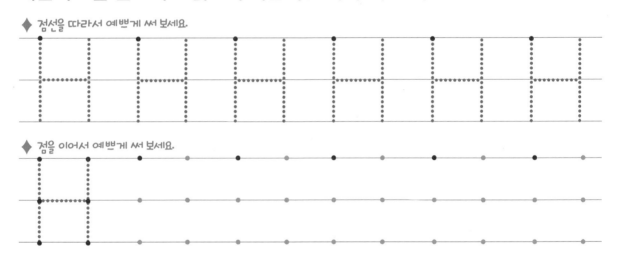

◆ 점선을 따라서 예쁘게 써 보세요.

◆ 점을 이어서 예쁘게 써 보세요.

C 소문자 h를 큰소리로 읽으며 차근차근 따라 써 보세요.

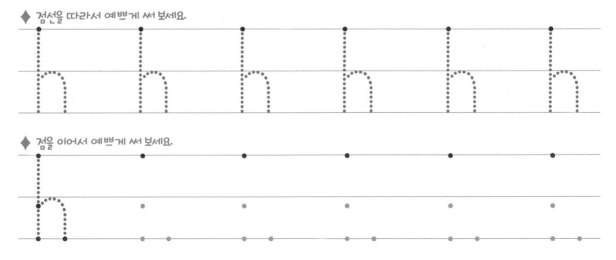

◆ 점선을 따라서 예쁘게 써 보세요.

◆ 점을 이어서 예쁘게 써 보세요.

D 다음 그림 안 빈칸에 소문자 h를 넣어 단어를 완성해 보세요.

□elicopter

□ouse □at

□ot dog

E 다음 그림을 보고 밑줄 친 부분에 알맞은 글자를 대문자로 써 보세요.

❶

❷

❸

__ IPPO __ AMBURGER __ EN

F 대문자 H와 소문자 h를 모두 찾아서 H는 동그라미, h는 세모를 하세요.

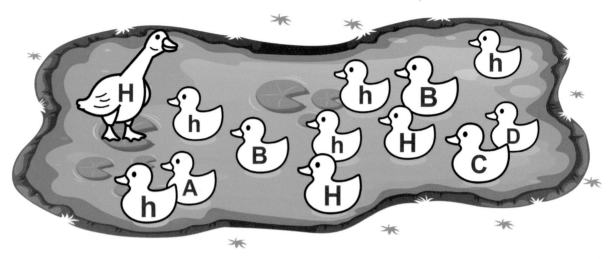

G 대문자 H와 소문자 h를 연결해서 길을 찾아 보세요.

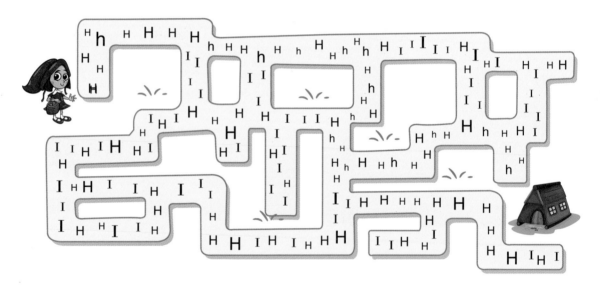

H 대문자 H와 소문자 h를 기억하며 천천히 따라 써 보세요.

Hh

Hh

I 다음 그림을 보고 빈칸에 알맞은 알파벳을 쓰세요.

❶ ⬚ o u ⬚ e   ❷ ⬚ o r s ⬚   ❸ ⬚ e a ⬚ t

J Hh로 시작하는 영어 단어를 따라 써 보세요.

hair

머리카락

hat

모자

hospital

병원

homework

숙제

hot dog

핫도그

대문자 I 소문자 i '아이'

A 대문자 I와 소문자 i를 쓰는 순서대로 따라 쓰며 배워 보세요.

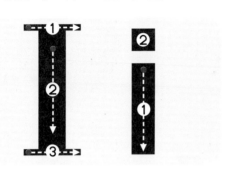

알파벳 Ii의 이름 '아이' 예요. 대문자 I 는 짧은 가로 선을 긋고 선 중앙에서 아래로 직선을 그은 다음 이것을 기준으로 아래로 짧은 직선을 위의 가로선과 일치되게 그어 써요. 소문자 i 는 먼저 중간 에서 아래까지 짧은 직선을 그린 다음 직선 위에 점을 찍어요.

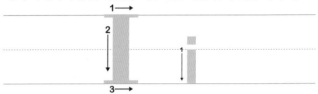

B 대문자 I를 큰소리로 읽으며 차근차근 따라 써 보세요.

◆ 점선을 따라서 예쁘게 써 보세요.

◆ 점을 이어서 예쁘게 써 보세요.

C 소문자 i를 큰소리로 읽으며 차근차근 따라 써 보세요.

◆ 점선을 따라서 예쁘게 써 보세요.

◆ 점을 이어서 예쁘게 써 보세요.

D 다음 그림 안 빈칸에 소문자 i를 넣어 단어를 완성해 보세요.

I☐

☐deas

☐nsect

☐ndian

☐sland

E 다음 그림을 보고 밑줄 친 부분에 알맞은 글자를 대문자로 써 보세요.

❶

___ NK

❷

___ CECREAM

❸

___ CE SKATE

45

F　대문자 I와 소문자 i를 모두 찾아서 I는 동그라미, i는 세모를 하세요.

G　대문자 I와 소문자 i를 연결해서 길을 찾아 보세요.

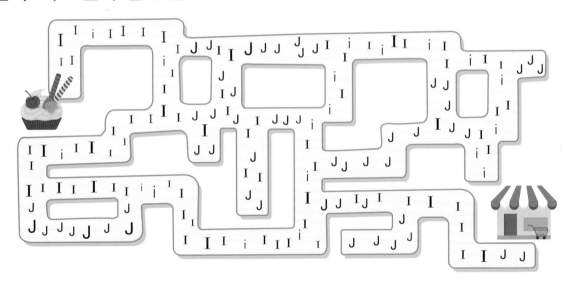

H　대문자 I와 소문자 i를 기억하며 천천히 따라 써 보세요.

I 다음 그림을 보고 빈칸에 알맞은 알파벳을 쓰세요.

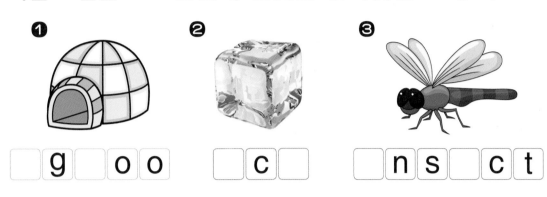

❶ [ ] g [ ] o o

❷ [ ] c [ ]

❸ [ ] n s [ ] c t

J Ii로 시작하는 영어 단어를 따라 써 보세요.

idea

아이디어

ink

잉크

ice cream

아이스크림

insect

곤충

image

이미지

Unit 10 대문자 J 소문자 j '제이'

A 대문자 J와 소문자 j를 쓰는 순서대로 따라 쓰며 배워 보세요.

알파벳 Jj의 이름은 '제이'예요. 대문자 J는 우산 손잡이 모양을 한 번에 그려서 써요. 소문자 j는 두번째 칸에서 아래로 직선을 긋고 끝에는 우산 손잡이 모양으로 마무리한 후 그 위에 점을 찍어요.

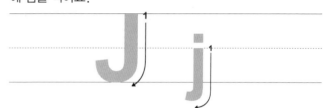

B 대문자 J를 큰소리로 읽으며 차근차근 따라 써 보세요.

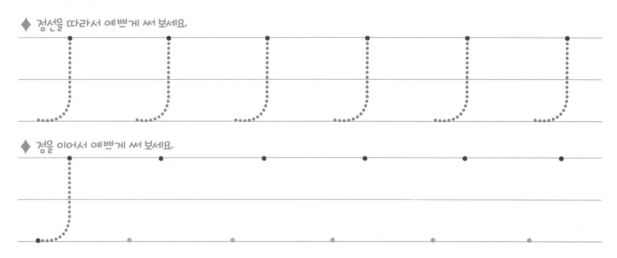

◆ 점선을 따라서 예쁘게 써 보세요.

◆ 점을 이어서 예쁘게 써 보세요.

C 소문자 j를 큰소리로 읽으며 차근차근 따라 써 보세요.

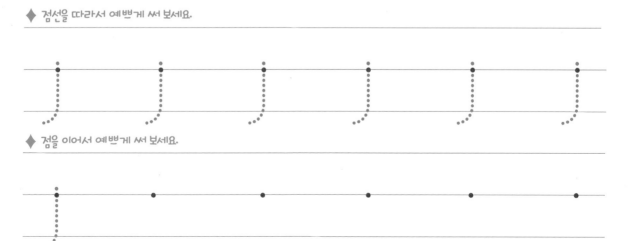

◆ 점선을 따라서 예쁘게 써 보세요.

◆ 점을 이어서 예쁘게 써 보세요.

D 다음 그림 안 빈칸에 소문자 j를 넣어 단어를 완성해 보세요.

☐uice

☐oker

☐eans

☐igsaw

E 다음 그림을 보고 밑줄 친 부분에 알맞은 글자를 대문자로 써 보세요.

❶

___ UNGLE

❷

___ AGUAR

❸

___ AM

49

F 대문자 J와 소문자 j를 모두 찾아서 J는 동그라미, j는 세모를 하세요.

G 대문자 J와 소문자 j를 연결해서 길을 찾아 보세요.

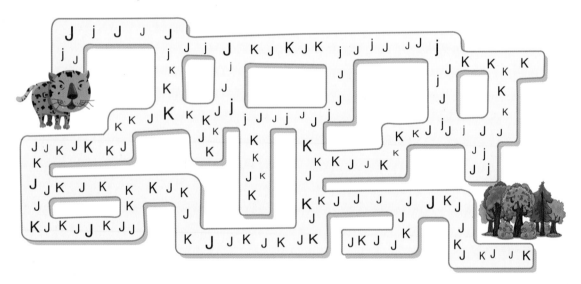

H 대문자 J와 소문자 j를 기억하며 천천히 따라 써 보세요.

I 다음 그림을 보고 빈칸에 알맞은 알파벳을 쓰세요.

❶ | | a | c | k | | t |

❷ | | u | i | | e |

❸ | | e | w | | l |

J Jj로 시작하는 영어 단어를 따라 써 보세요.

jam
잼

jeans
청바지

job
직업

joke
농담

jungle
정글

대문자 K 소문자 k '케이'

A 대문자 K와 소문자 k를 쓰는 순서대로 따라 쓰며 배워 보세요.

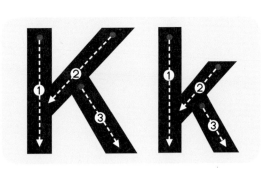

알파벳 Kk의 이름은 '케이'예요. 대문자 K는 직선을 그은 다음 연필을 뗀 후 가운데에서 위쪽과 아래쪽으로 사선을 바깥으로 그으며 써요. 소문자 k는 중간에서 아래 칸 사이에 사선을 작게 두 개 그으며 써요.

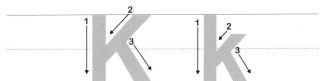

B 대문자 K를 큰소리로 읽으며 차근차근 따라 써 보세요.

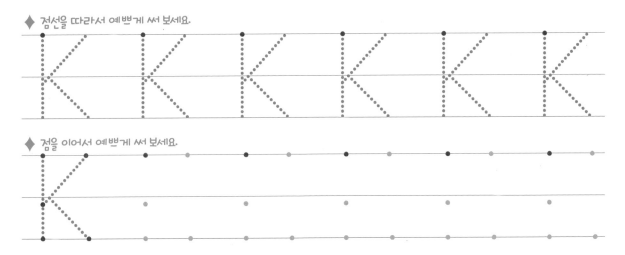

◆ 점선을 따라서 예쁘게 써 보세요.

◆ 점을 이어서 예쁘게 써 보세요.

C 소문자 k를 큰소리로 읽으며 차근차근 따라 써 보세요.

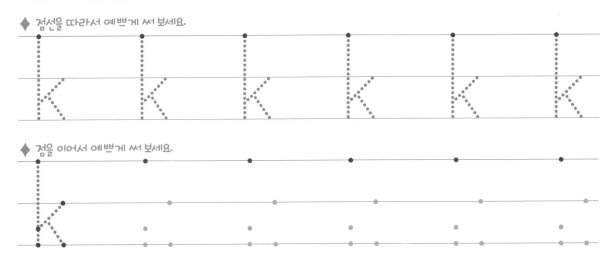

◆ 점선을 따라서 예쁘게 써 보세요.

◆ 점을 이어서 예쁘게 써 보세요.

D 다음 그림 안 빈칸에 소문자 k를 넣어 단어를 완성해 보세요.

E 다음 그림을 보고 밑줄 친 부분에 알맞은 글자를 대문자로 써 보세요.

❶ ___ EY ❷ ___ ANGAROO ❸ ___ ING

F 대문자 K와 소문자 k를 모두 찾아서 K는 동그라미, k는 세모를 하세요.

G 대문자 K와 소문자 k를 연결해서 길을 찾아 보세요.

H 대문자 K와 소문자 k를 기억하며 천천히 따라 써 보세요.

I 다음 그림을 보고 빈칸에 알맞은 알파벳을 쓰세요.

❶ | | a | l | | |

❷ | | i | t | c | h | e | |

❸ | | i | w | |

J Kk로 시작하는 영어 단어를 따라 써 보세요.

key

열쇠

king

왕

kiwi

키위

kite

연

knee

무릎

대문자 L 소문자 l '엘'

A 대문자 L과 소문자 l을 쓰는 순서대로 따라 쓰며 배워 보세요.

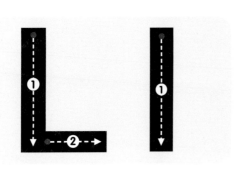

알파벳 Ll의 이름은 '엘'이예요. 대문자 L은 직선을 아래로
그은 후 마지막 점에서 오른쪽으로 연필을 떼지 않고 그어서
써요. 소문자 l은 직선을 아래로 그어서 써요.

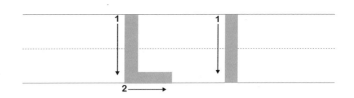

B 대문자 L을 큰소리로 읽으며 차근차근 따라 써 보세요.

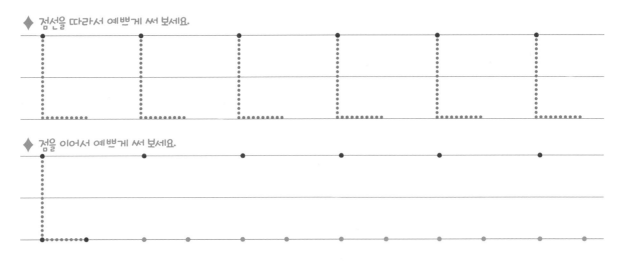

◆ 점선을 따라서 예쁘게 써 보세요.

◆ 점을 이어서 예쁘게 써 보세요.

C 소문자 l을 큰소리로 읽으며 차근차근 따라 써 보세요.

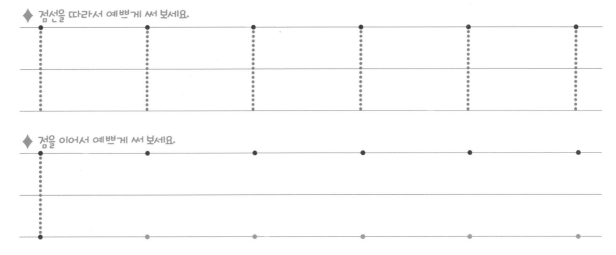

◆ 점선을 따라서 예쁘게 써 보세요.

◆ 점을 이어서 예쁘게 써 보세요.

D 다음 그림 안 빈칸에 소문자 l을 넣어 단어를 완성해 보세요.

E 다음 그림을 보고 밑줄 친 부분에 알맞은 글자를 대문자로 써 보세요.

❶
___ OLLIPOP

❷
___ EMON

❸
___ ADYBUG

F 대문자 L과 소문자 l을 모두 찾아서 L은 동그라미, l은 세모를 하세요.

G 대문자 L과 소문자 l을 연결해서 길을 찾아 보세요.

H 대문자 L과 소문자 l을 기억하며 천천히 따라 써 보세요.

I 다음 그림을 보고 빈칸에 알맞은 알파벳을 쓰세요.

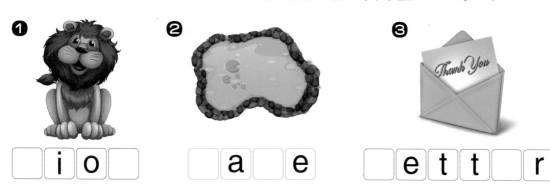

❶ ☐ i o ☐ ❷ ☐ a ☐ e ❸ ☐ e t t ☐ r

J 니로 시작하는 영어 단어를 따라 써 보세요.

love
사랑

library
도서관

land
땅

lemon
레몬

leaf
잎

A 대문자 M과 소문자 m을 쓰는 순서대로 따라 쓰며 배워 보세요.

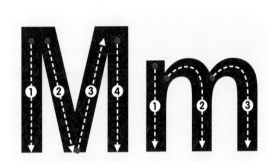

알파벳 Mm의 이름은 '엠'이예요. 대문자 M은 먼저 직선을 그린 다음 시작 점에서 브이자 모양으로 선을 긋고 그 옆에 다시 직선을 위에서 아래 이어서 그려 써요. 소문자 m은 중간에서 아래칸 사이에 직선을 짧게 긋고 둥근 아치 모양을 두 개 이어서 그려 써요.

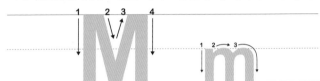

B 대문자 M을 큰소리로 읽으며 차근차근 따라 써 보세요.

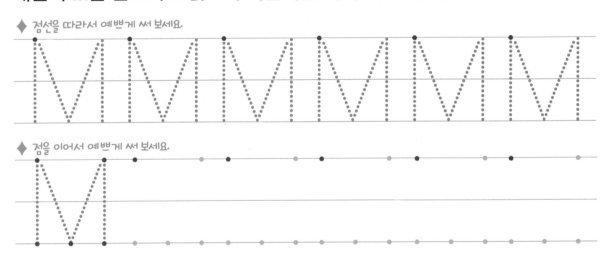

◆ 점선을 따라서 예쁘게 써 보세요.

◆ 점을 이어서 예쁘게 써 보세요.

C 소문자 m을 큰소리로 읽으며 차근차근 따라 써 보세요.

◆ 점선을 따라서 예쁘게 써 보세요.

◆ 점을 이어서 예쁘게 써 보세요.

D 다음 그림 안 빈칸에 소문자 m을 넣어 단어를 완성해 보세요.

M

☐ushroom

☐uffin

☐oon

☐onkey

E 다음 그림을 보고 밑줄 친 부분에 알맞은 글자를 대문자로 써 보세요.

❶

__ ONEY

❷

__ ILK

❸

__ ITTEN

Unit **13** 대문자 **M** 소문자 **m** '엠'

F 대문자 M과 소문자 m을 모두 찾아서 M은 동그라미, m은 세모를 하세요.

G 대문자 M과 소문자 m을 연결해서 길을 찾아 보세요.

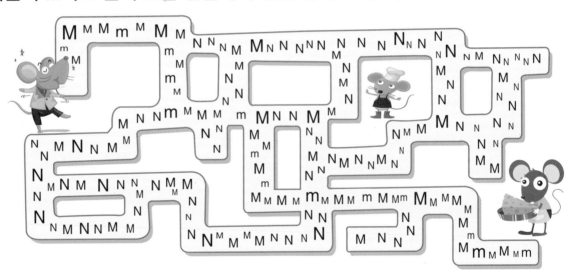

H 대문자 M과 소문자 m을 기억하며 천천히 따라 써 보세요.

Mm

Mm

I 다음 그림을 보고 빈칸에 알맞은 알파벳을 쓰세요.

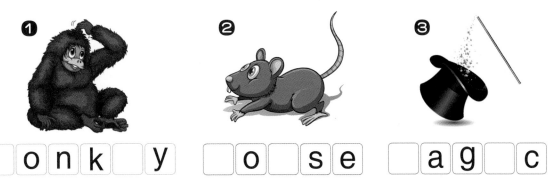

❶ [ ] o n k   y   ❷ [ ] o   s e   ❸ [ ] a g [ ] c

J Mm로 시작하는 영어 단어를 따라 써 보세요.

milk

우유

money

돈

moon

달

map

지도

mitten

벙어리장갑

재미있게 복습하기 02

A 대문자는 소문자와 소문자는 대문자와 연결하면서 읽어 보세요.

B 대문자에 맞는 소문자, 소문자에 맞는 대문자를 써 보세요.

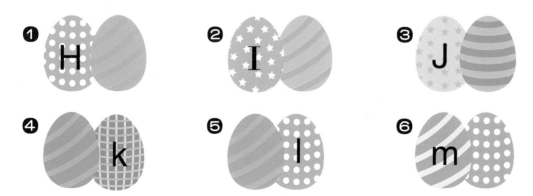

① H

② I

③ J

④ k

⑤ l

⑥ m

C 퍼즐에서 시계 방향으로 빠진 알파벳 글자를 써 보세요.

❶
H
K J

❷
I J
L

❸
K
M L

❹
h i
j

❹
i
l k

❺
j k
m

D 빈칸에 들어갈 알맞은 알파벳 글자를 써 보세요.

❶ 곤충

n s □ c t

❷ 청바지
j □ e a □ s

❸ 코알라

□ o a □ a

❹ 원숭이
□ o n k e □

E 알파벳 이름에 맞는 대문자를 써 보세요.

❶ 에이취　　❷ 아이　　❸ 제이　　❹ 케이　　❺ 엘　　❻ 엠

_____　　_____　　_____　　_____　　_____　　_____

즐거운 알파벳 퀴즈 01

A 천천히 기억하며 빠진 알파벳 글자를 쓰세요.

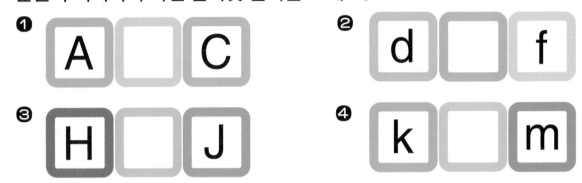

❶ A ☐ C

❷ d ☐ f

❸ H ☐ J

❹ k ☐ m

B 초콜렛 조각을 A→B→C 순서대로 따라가서 마지막 알파벳에 ○ 하세요.

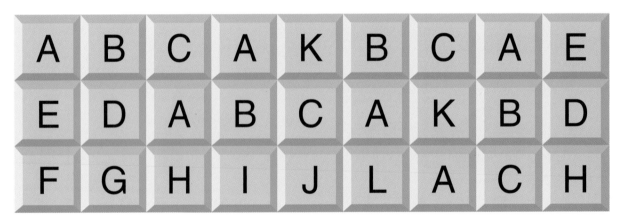

A	B	C	A	K	B	C	A	E
E	D	A	B	C	A	K	B	D
F	G	H	I	J	L	A	C	H

C 다음 그림을 보고 단어의 첫 알파벳에 동그라미 하세요.

❶ a f r (g) h

❷ d o J l l

❸ a s o u p

❹ s t k a e

C 같은 알파벳 끼리 연결해 보세요.

❶ a
❷ b
❸ c
❹ d
❺ e

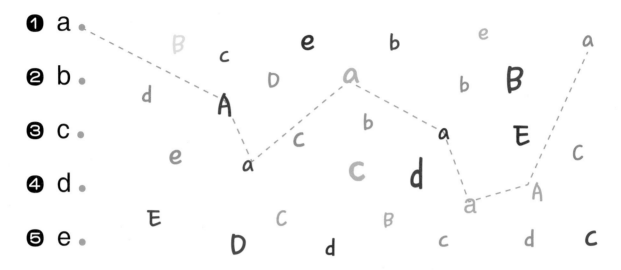

D 쥐가 치즈를 먹으러 가요. 가는 길에 빠진 알파벳 글자를 쓰세요.

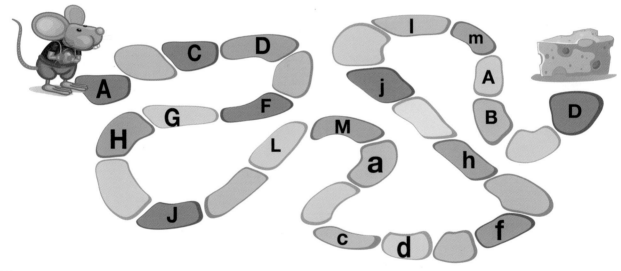

E 다음 그림의 뜻을 쓰세요.

❶ 개미　❷ 　❸ 　❹

67

Unit 14 대문자 **N** 소문자 **n** '엔'

A 대문자 N과 소문자 n을 쓰는 순서대로 따라 쓰며 배워 보세요.

알파벳 Nn의 이름은 '엔'이예요. 대문자 N은 위아래로 직선과 사선, 직선을 지그재그로 그리고 소문자 n은 중간에서 아래칸 사이에 직선을 짧게 긋고 연필은 떼지 않고 둥근 아치 모양을 이어서 그려 써요.

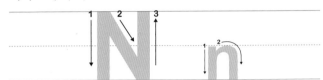

B 대문자 N을 큰소리로 읽으며 차근차근 따라 써 보세요.

◆ 점선을 따라서 예쁘게 써 보세요.

◆ 점을 이어서 예쁘게 써 보세요.

C 소문자 n을 큰소리로 읽으며 차근차근 따라 써 보세요.

◆ 점선을 따라서 예쁘게 써 보세요.

◆ 점을 이어서 예쁘게 써 보세요.

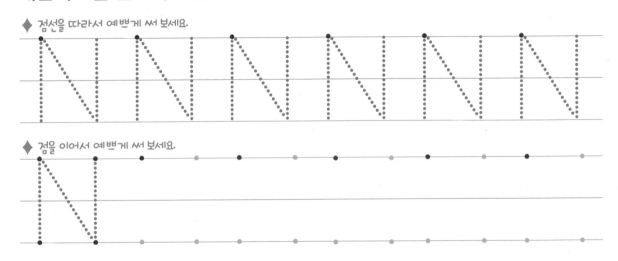

68 아주 쉬운 통통 영어 알파벳 쓰기

D 다음 그림 안 빈칸에 소문자 n을 넣어 단어를 완성해 보세요.

N☐

☐ote

☐ightingale

☐ewt

☐ecktie

E 다음 그림을 보고 밑줄 친 부분에 알맞은 글자를 대문자로 써 보세요.

❶ __ OSE

❷ __ UMBER

❸ __ OODLE

F 대문자 N과 소문자 n을 모두 찾아서 N은 동그라미, n은 세모를 하세요.

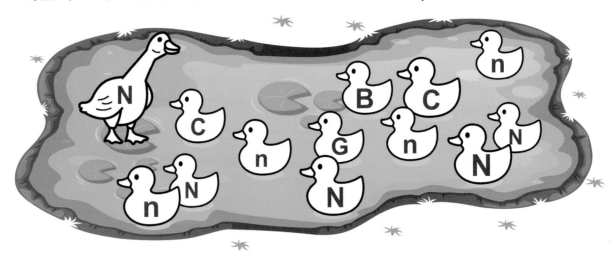

G 대문자 N과 소문자 n을 연결해서 길을 찾아 보세요.

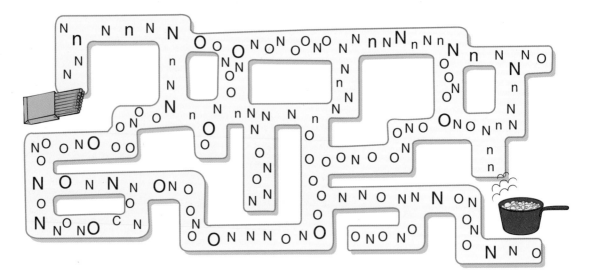

H 대문자 N과 소문자 n을 기억하며 천천히 따라 써 보세요.

Nn

Nn

I 다음 그림을 보고 빈칸에 알맞은 알파벳을 쓰세요.

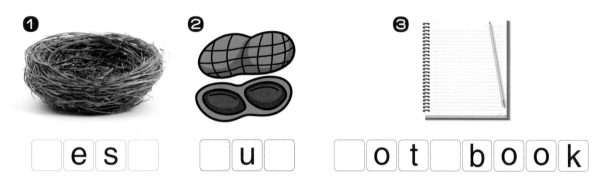

❶ [ ] e s [ ]   ❷ [ ] u [ ]   ❸ [ ] o t [ ] b o o k

J Nn로 시작하는 영어 단어를 따라 써 보세요.

nose

코

number

번호

nature

자연

night

밤

nurse

간호사

Unit 15 대문자 O 소문자 o '오우'

A 대문자 O와 소문자 o를 쓰는 순서대로 따라 쓰며 배워 보세요.

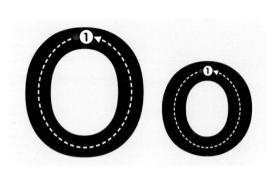

알파벳 Oo의 이름은 '오우' 예요. 대문자 O는 시작점과 끝이 같게 보름달을 그리듯이 쓰고, 소문자 o는 크기를 반으로 줄여 아래칸에 맞춰서 시작점과 끝이 같게 보름달을 그리듯이 둥글고 예쁘게 써요.

B 대문자 O를 큰소리로 읽으며 차근차근 따라 써 보세요.

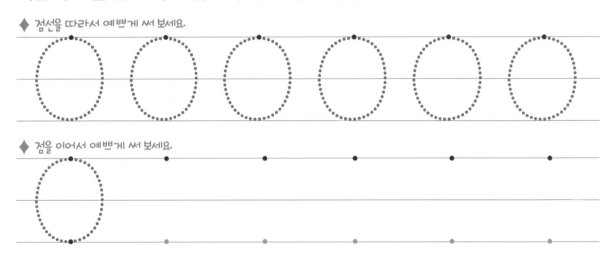

C 소문자 o를 큰소리로 읽으며 차근차근 따라 써 보세요.

D 다음 그림 안 빈칸에 소문자 o를 넣어 단어를 완성해 보세요.

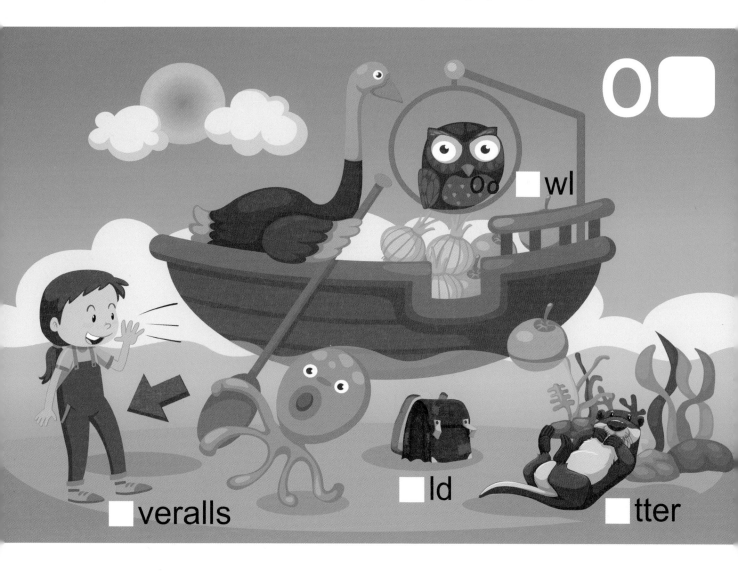

Oo

⬜wl

⬜ld

⬜veralls

⬜tter

E 다음 그림을 보고 밑줄 친 부분에 알맞은 글자를 대문자로 써 보세요.

❶ ___ RANGE

❷ ___ X

❸ ___ STRICH

F 대문자 O와 소문자 o를 모두 찾아서 O는 동그라미, o는 세모를 하세요.

G 대문자 O와 소문자 o를 연결해서 길을 찾아 보세요.

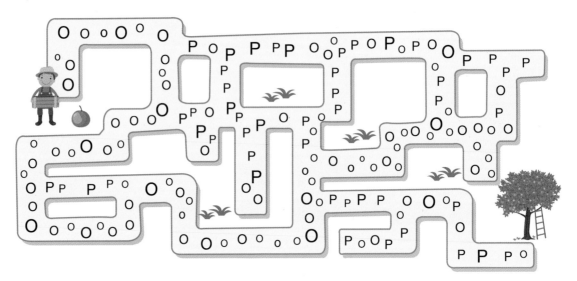

H 대문자 O와 소문자 o를 기억하며 천천히 따라 써 보세요.

I 다음 그림을 보고 빈칸에 알맞은 알파벳을 쓰세요.

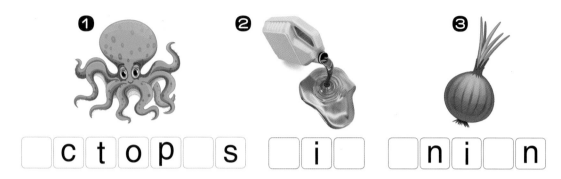

❶ | c | t | o | p | s |

❷ | | i | |

❸ | | n | i | n |

J Oo로 시작하는 영어 단어를 따라 써 보세요.

oven

오븐

ocean

대양

office

사무실

orange

오렌지

owl

부엉이

대문자 P 소문자 p '피'

A 대문자 P와 소문자 p를 쓰는 순서대로 따라 쓰며 배워 보세요.

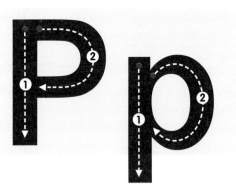

알파벳 Pp의 이름은 '피' 예요. 대문자 P는 긴 직선을 위에서 부터 아래로 쭉 그은 다음 곡선을 위에서 반 정도 길이만 그려 써요. 소문자 p는 아래칸부터 직선을 그어 내린 후 옆으로 둥 근 고리 모양을 그려 써요.

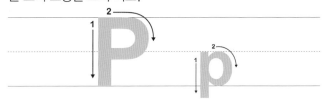

B 대문자 P를 큰소리로 읽으며 차근차근 따라 써 보세요.

◆ 점선을 따라서 예쁘게 써 보세요.

◆ 점을 이어서 예쁘게 써 보세요.

C 소문자 p를 큰소리로 읽으며 차근차근 따라 써 보세요.

◆ 점선을 따라서 예쁘게 써 보세요.

◆ 점을 이어서 예쁘게 써 보세요.

D 다음 그림 안 빈칸에 소문자 p를 넣어 단어를 완성해 보세요.

P

☐ anda

☐ aint brush

☐ alette

☐ encil

E 다음 그림을 보고 밑줄 친 부분에 알맞은 글자를 대문자로 써 보세요.

❶

＿ EACH

❷

＿ IANO

❸

＿ ENGUIN

77

Unit 16 대문자 P 소문자 p '피'

F 대문자 P와 소문자 p를 모두 찾아서 P는 동그라미, p는 세모를 하세요.

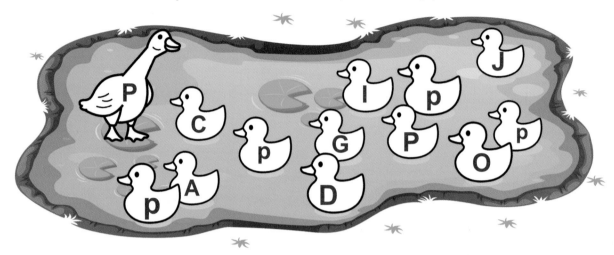

G 대문자 P와 소문자 p를 연결해서 길을 찾아 보세요.

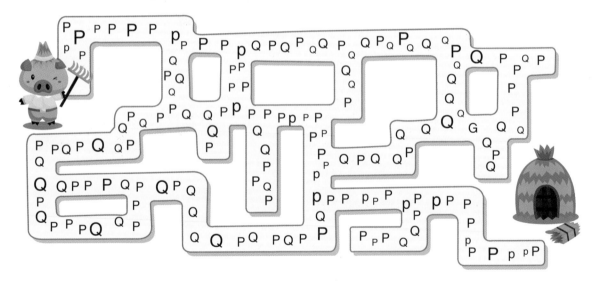

H 대문자 P와 소문자 p를 기억하며 천천히 따라 써 보세요.

P p

P p

I 다음 그림을 보고 빈칸에 알맞은 알파벳을 쓰세요.

❶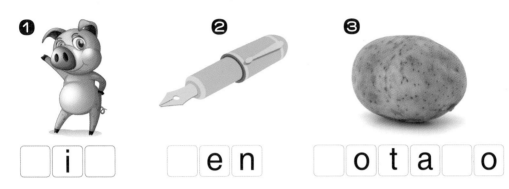

| | i | |

❷

| | e | n |

❸

| | o | t | a | | o |

J Pp로 시작하는 영어 단어를 따라 써 보세요.

piano
피아노

party
파티

paper
종이

penguin
펭귄

pencil
연필

A 대문자 Q와 소문자 q를 쓰는 순서대로 따라 쓰며 배워 보세요.

알파벳 Qq의 이름은 '큐' 예요. 대문자 Q는 먼저 앞에서 배운 O를 쓴 다음 O의 오른쪽 아래에 꼬리를 사선으로 짧게 그려 써요. 소문자 q는 아래칸에 c 모양의 반원을 그린 다음 옆으로 아래칸부터 직선을 그어 써요.

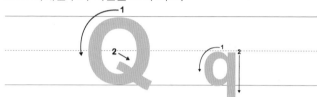

B 대문자 Q를 큰소리로 읽으며 차근차근 따라 써 보세요.

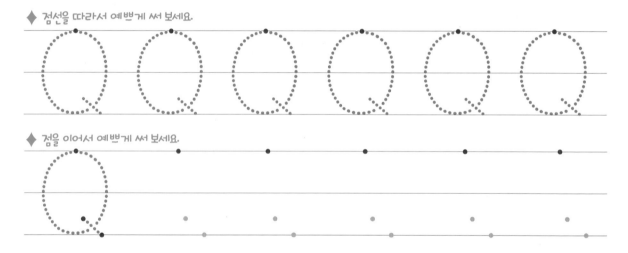

C 소문자 q를 큰소리로 읽으며 차근차근 따라 써 보세요.

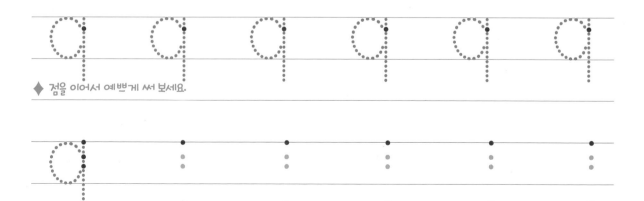

D 다음 그림 안 빈칸에 소문자 q를 넣어 단어를 완성해 보세요.

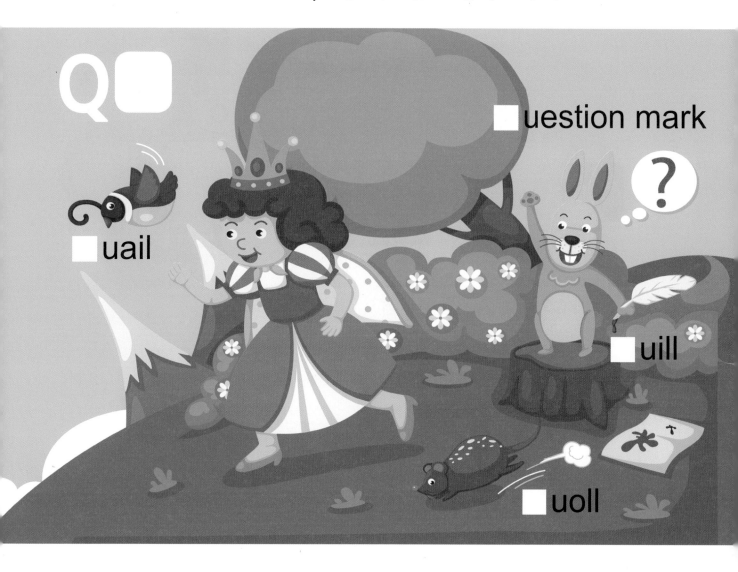

Q☐

☐uestion mark

☐uail

☐uill

☐uoll

E 다음 그림을 보고 밑줄 친 부분에 알맞은 글자를 대문자로 써 보세요.

❶
__ UACK

❷
__ UEEN

❸
__ UESTION

F 대문자 Q와 소문자 q를 모두 찾아서 Q는 동그라미, q는 세모를 하세요.

G 대문자 Q와 소문자 q를 연결해서 길을 찾아 보세요.

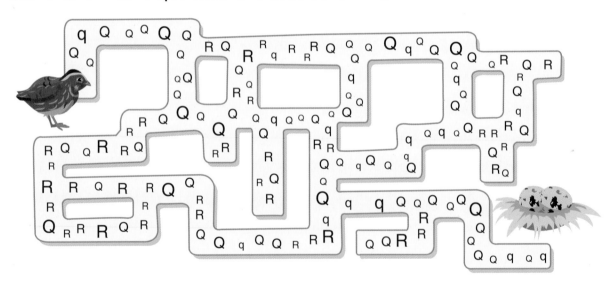

H 대문자 Q와 소문자 q를 기억하며 천천히 따라 써 보세요.

Qq

Qq

I 다음 그림을 보고 빈칸에 알맞은 알파벳을 쓰세요.

❶ ❷ ❸

	u	a	l			u	i	t			u	i	

J Qq로 시작하는 영어 단어를 따라 써 보세요.

queen

여왕

question

질문

quarter

4분의1

quill

깃

quack

꽥꽥

대문자 R 소문자 r '알'

A 대문자 R과 소문자 r을 쓰는 순서대로 따라 쓰며 배워 보세요.

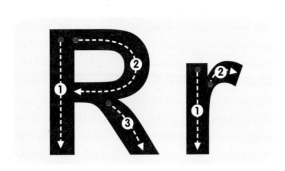

알파벳 Rr의 이름은 '알'이예요. 대문자 R은 대문자 P를 쓴 다음 연필을 떼지 않고 오른쪽 아래 방향으로 사선을 연결해서 그려 써요. 소문자 r은 아래칸에 직선을 아래로 먼저 그리고 그대로 직선을 따라 겹쳐 그린 후 오른쪽으로 작은 갈고리 모양을 그려 써요.

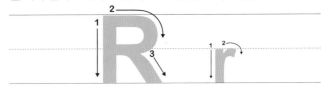

B 대문자 R을 큰소리로 읽으며 차근차근 따라 써 보세요.

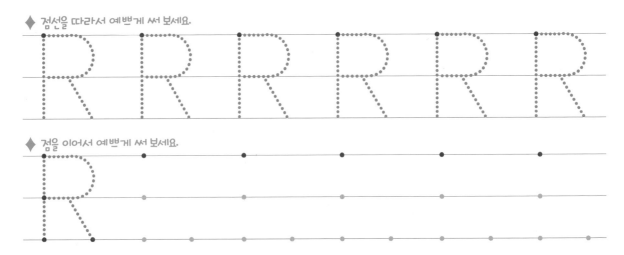

C 소문자 r을 큰소리로 읽으며 차근차근 따라 써 보세요.

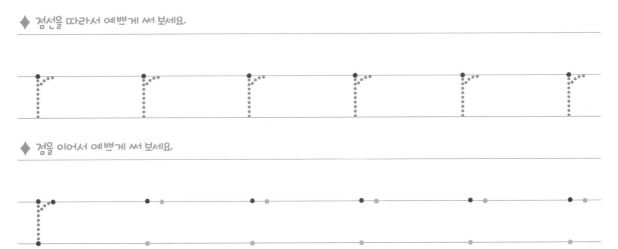

D 다음 그림 안 빈칸에 소문자 r을 넣어 단어를 완성해 보세요.

■ocket

R■

■ain

■ock

■adio

E 다음 그림을 보고 밑줄 친 부분에 알맞은 글자를 대문자로 써 보세요.

❶
___ OSE

❷
___ ABBIT

❸
___ AINBOW

F 대문자 R과 소문자 r을 모두 찾아서 R은 동그라미, r은 세모를 하세요.

G 대문자 R과 소문자 r을 연결해서 길을 찾아 보세요.

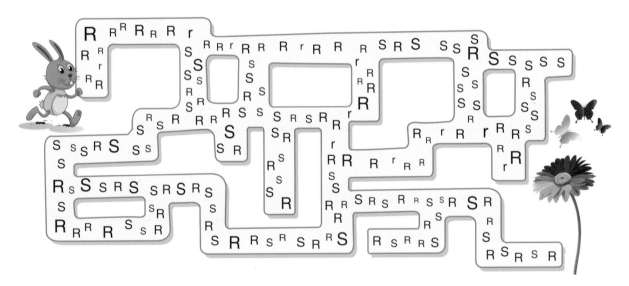

H 대문자 R과 소문자 r을 기억하며 천천히 따라 써 보세요.

I 다음 그림을 보고 빈칸에 알맞은 알파벳을 쓰세요.

❶
u l r

❷
i g

❸
o b t

J Rr로 시작하는 영어 단어를 따라 써 보세요.

river
강

rabbit
토끼

rain
비

rainbow
무지개

road
도로

A 대문자 S와 소문자 s를 쓰는 순서대로 따라 쓰며 배워 보세요.

알파벳 Ss의 이름은 '에스' 예요. 대문자 S는 두 개의 곡선을 사용하여 쓰면 쉬워요. C 모양의 곡선을 그린 후 반대 방향으로 이어서 써요. 소문자 s는 크기를 반으로 줄여 아래칸에 C 를 작게 쓴 후 반대 방향으로 이어서 써요.

B 대문자 S를 큰소리로 읽으며 차근차근 따라 써 보세요.

◆ 점선을 따라서 예쁘게 써 보세요.

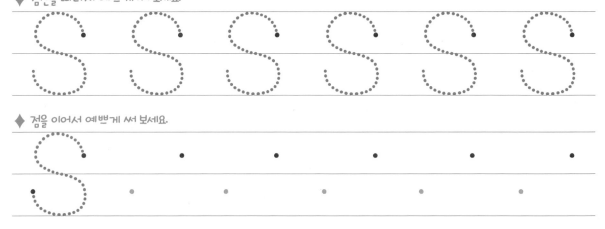

◆ 점을 이어서 예쁘게 써 보세요.

C 소문자 s를 큰소리로 읽으며 차근차근 따라 써 보세요.

◆ 점선을 따라서 예쁘게 써 보세요.

◆ 점을 이어서 예쁘게 써 보세요.

D 다음 그림 안 빈칸에 소문자 s를 넣어 단어를 완성해 보세요.

S☐

☐now

☐un

☐pider

☐heep

E 다음 그림을 보고 밑줄 친 부분에 알맞은 글자를 대문자로 써 보세요.

❶ ＿ TAR

❷ ＿ HOES

❸ ＿ NAIL

Unit 19 대문자 S 소문자 S '에스'

F 대문자 S와 소문자 s를 모두 찾아서 S는 동그라미, s는 세모를 하세요.

G 대문자 S와 소문자 s를 연결해서 길을 찾아 보세요.

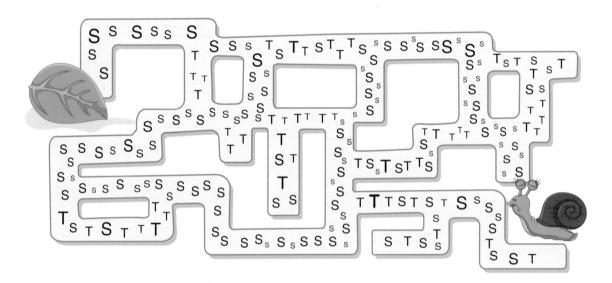

H 대문자 S와 소문자 s를 기억하며 천천히 따라 써 보세요.

Ss

Ss

I 다음 그림을 보고 빈칸에 알맞은 알파벳을 쓰세요.

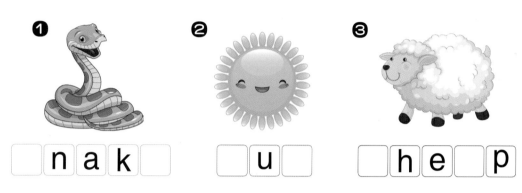

❶ ☐ n a k ☐

❷ ☐ u ☐

❸ ☐ h e ☐ p

J Ss로 시작하는 영어 단어를 따라 써 보세요.

star

별

snow

눈

shoes

신발

sugar

설탕

snail

달팽이

Unit 20 대문자 T 소문자 t '티'

A 대문자 T와 소문자 t를 쓰는 순서대로 따라 쓰며 배워 보세요.

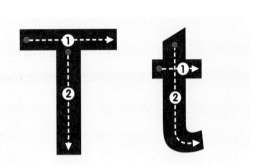

알파벳 Tt의 이름은 '티' 예요. 대문자 T는 가로로 직선을 긋고 나서 그린 선의 중앙에 연필을 올려 놓고 아래로 직선을 내려 그려 써요. 소문자 t는 아래칸에 가로로 직선을 긋고 중간에서 작은 십자가를 그리듯이 가로선 위에서 아래로 써요.

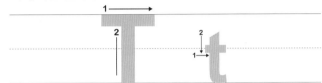

B 대문자 T를 큰소리로 읽으며 차근차근 따라 써 보세요.

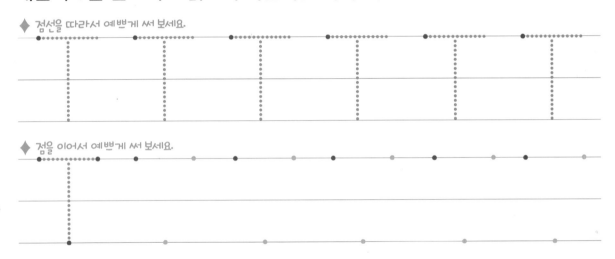

◆ 점선을 따라서 예쁘게 써 보세요.

◆ 점을 이어서 예쁘게 써 보세요.

C 소문자 t를 큰소리로 읽으며 차근차근 따라 써 보세요.

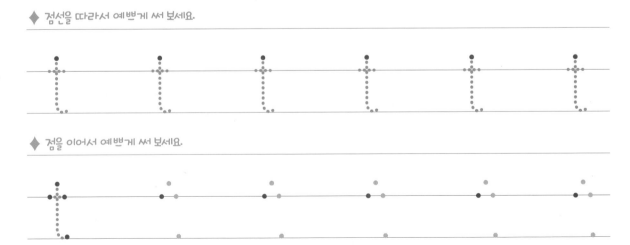

◆ 점선을 따라서 예쁘게 써 보세요.

◆ 점을 이어서 예쁘게 써 보세요.

D 다음 그림 안 빈칸에 소문자 t를 넣어 단어를 완성해 보세요.

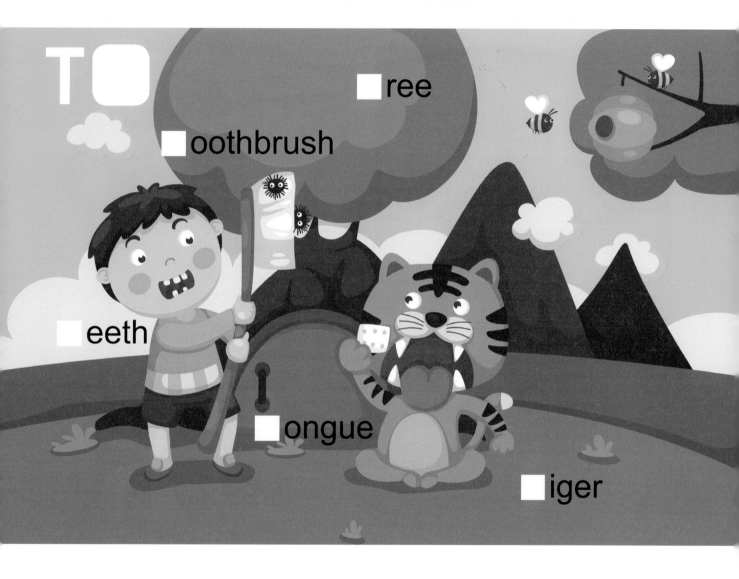

T⬜

⬜ree

⬜oothbrush

⬜eeth

⬜ongue

⬜iger

E 다음 그림을 보고 밑줄 친 부분에 알맞은 글자를 대문자로 써 보세요.

❶

＿ OMATO

❷

＿ URTLE

❸

＿ EACHER

F 대문자 T와 소문자 t를 모두 찾아서 T는 동그라미, t는 세모를 하세요.

G 대문자 T와 소문자 t를 연결해서 길을 찾아 보세요.

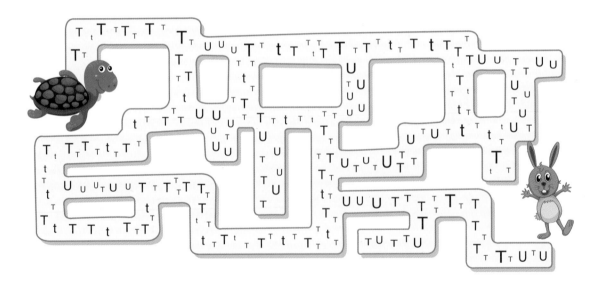

H 대문자 T와 소문자 t를 기억하며 천천히 따라 써 보세요.

Tt

Tt

I 다음 그림을 보고 빈칸에 알맞은 알파벳을 쓰세요.

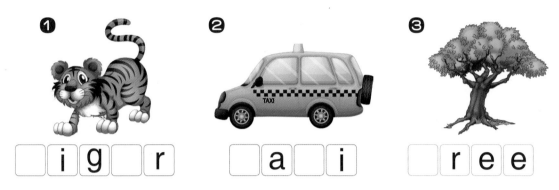

❶ ☐ i g ☐ r

❷ ☐ a ☐ i

❸ ☐ r e e

J Tt로 시작하는 영어 단어를 따라 써 보세요.

train
기차

teacher
선생님

toy
장난감

tomato
토마토

table
테이블

재미있게 복습하기 03

A 대문자는 소문자와 소문자는 대문자와 연결하면서 읽어 보세요.

B 대문자에 맞는 소문자, 소문자에 맞는 대문자를 써 보세요.

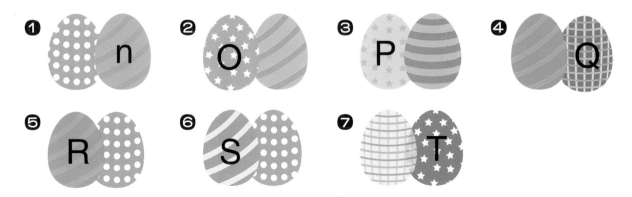

❶ n

❷ O

❸ P

❹ Q

❺ R

❻ S

❼ T

C 퍼즐에서 시계 방향으로 빠진 알파벳 글자를 써 보세요.

❶ N ☐
  Q P

❷ Q ☐
  T S

❸ P ☐ Q
  S ☐

❹ n ☐ o
  q ☐

❹ o p
  ☐ q

❺ ☐ r
  t s

D 빈칸에 들어갈 알맞은 알파벳 글자를 써 보세요.

❶ 자연

☐ a ☐ u r e

❷ 펭귄

☐ e n ☐ u i n

❸ 오렌지

☐ r a n ☐ e

❹ 튤립

☐ u ☐ i p

E 알파벳 이름에 맞는 대문자를 써 보세요.

❶ 엔　　❷ 오우　　❸ 피　　❹ 큐　　❺ 에스　　❻ 티

_____　_____　_____　_____　_____　_____

_____　_____　_____　_____　_____　_____

대문자 U 소문자 u '유'

A 대문자 U와 소문자 u를 쓰는 순서대로 따라 쓰며 배워 보세요.

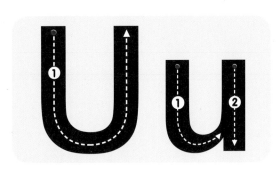

알파벳 Uu의 이름은 '유' 예요. 대문자 U는 왼쪽에서 오른쪽으로 한 번에 웅덩이처럼 그리며 써요. 소문자 u는 크기를 반으로 줄여 아래칸에 작은 갈고리 모양을 그린 후 위로 갔다가 아래로 직선을 그려 써요.

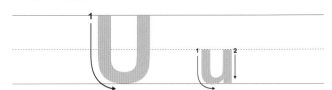

B 대문자 U를 큰소리로 읽으며 차근차근 따라 써 보세요.

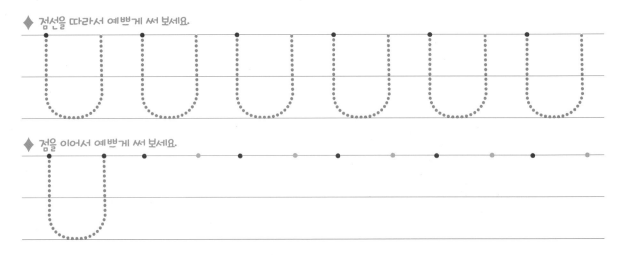

◆ 점선을 따라서 예쁘게 써 보세요.

◆ 점을 이어서 예쁘게 써 보세요.

C 소문자 u를 큰소리로 읽으며 차근차근 따라 써 보세요.

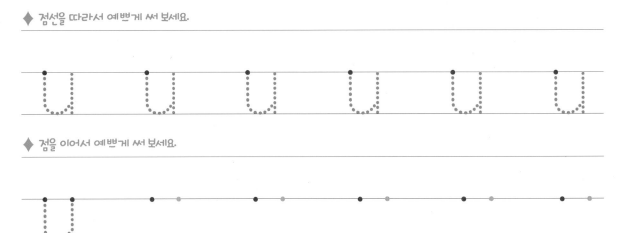

◆ 점선을 따라서 예쁘게 써 보세요.

◆ 점을 이어서 예쁘게 써 보세요.

D 다음 그림 안 빈칸에 소문자 u를 넣어 단어를 완성해 보세요.

☐fo

☐niversity

☐-turn

☐mbrella

E 다음 그림을 보고 밑줄 친 부분에 알맞은 글자를 대문자로 써 보세요.

❶
__ NIVERSE

❷
__ NIFORM

❸
__ NICORN

F 대문자 U와 소문자 u를 모두 찾아서 U는 동그라미, u는 세모를 하세요.

G 대문자 U와 소문자 u를 연결해서 길을 찾아 보세요.

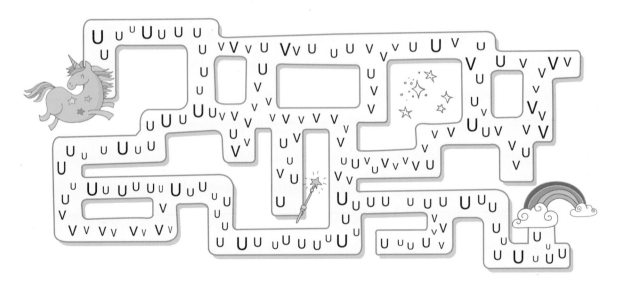

H 대문자 U와 소문자 u를 기억하며 천천히 따라 써 보세요.

I 다음 그림을 보고 빈칸에 알맞은 알파벳을 쓰세요.

❶ ❷ ❸

□ n c e □ m b e l l a □ n l □ c k

J Uu로 시작하는 영어 단어를 따라 써 보세요.

ukulele

우쿨렐레

universe

우주

uniform

유니폼

up

위로

umpire

심판

A 대문자 V와 소문자 v를 쓰는 순서대로 따라 쓰며 배워 보세요.

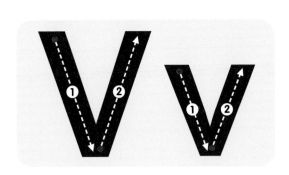

알파벳 Vv의 이름은 '뷔'예요. 대문자 V는 오른쪽 아래 방향으로 대각선을 그린 후 이어서 방향을 바꿔 오른쪽 위로 대각선을 그려 써요. 소문자 v는 크기를 절반으로 줄여 아래칸에 V와 같이 써요.

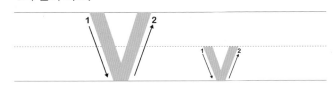

B 대문자 V를 큰소리로 읽으며 차근차근 따라 써 보세요.

◆ 점선을 따라서 예쁘게 써 보세요.

◆ 점을 이어서 예쁘게 써 보세요.

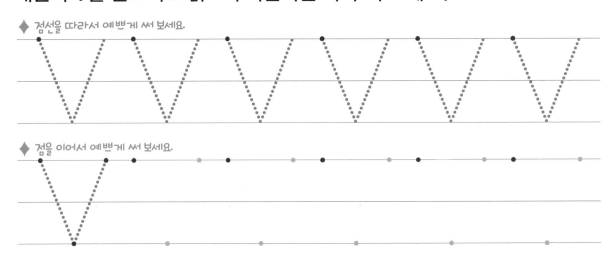

C 소문자 v를 큰소리로 읽으며 차근차근 따라 써 보세요.

◆ 점선을 따라서 예쁘게 써 보세요.

◆ 점을 이어서 예쁘게 써 보세요.

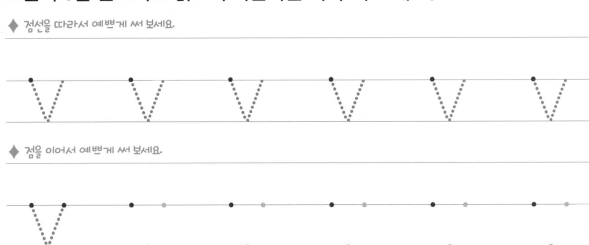

D 다음 그림 안 빈칸에 소문자 v를 넣어 단어를 완성해 보세요.

V

☐illage

☐iolin

☐ampire

☐an

E 다음 그림을 보고 밑줄 친 부분에 알맞은 글자를 대문자로 써 보세요.

❶

___ OICE

❷

___ EGETABLE

❸

___ ET

F 대문자 V와 소문자 v를 모두 찾아서 V는 동그라미, v는 세모를 하세요.

G 대문자 V와 소문자 v를 연결해서 길을 찾아 보세요.

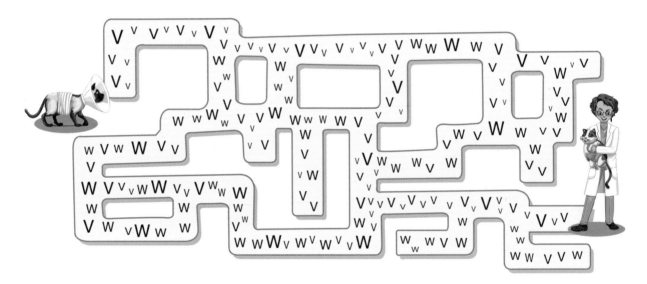

H 대문자 V와 소문자 v를 기억하며 천천히 따라 써 보세요.

I 다음 그림을 보고 빈칸에 알맞은 알파벳을 쓰세요.

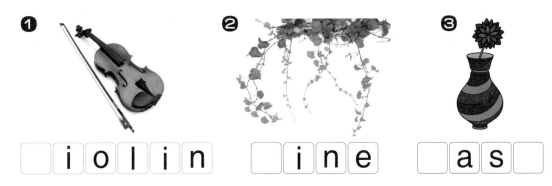

❶ ☐ i o l i n

❷ ☐ i n e

❸ ☐ a s ☐

J Vv로 시작하는 영어 단어를 따라 써 보세요.

village

마을

vest

조끼

vegetable

야채

voice

목소리

vet

수의사

105

Unit 23 대문자 W 소문자 w '더블유'

A 대문자 W와 소문자 w를 쓰는 순서대로 따라 쓰며 배워 보세요.

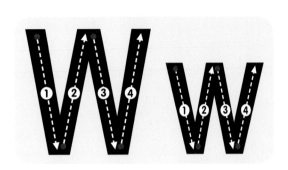

알파벳 Ww의 이름은 '더블유' 예요. 대문자 W는 V를 두 번 이어서 연필을 떼지 않고 한 번에 써요. 소문자 w는 크기를 반으로 줄여 아래칸에 V를 두 번 이어서 연필을 떼지 않고 한 번에 써요.

B 대문자 W를 큰소리로 읽으며 차근차근 따라 써 보세요.

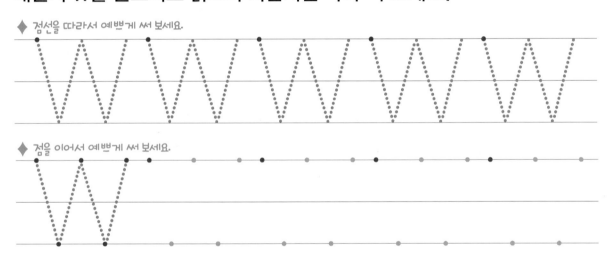

◆ 점선을 따라서 예쁘게 써 보세요.

◆ 점을 이어서 예쁘게 써 보세요.

C 소문자 w를 큰소리로 읽으며 차근차근 따라 써 보세요.

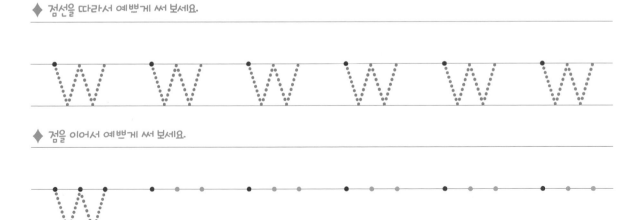

◆ 점선을 따라서 예쁘게 써 보세요.

◆ 점을 이어서 예쁘게 써 보세요.

D 다음 그림 안 빈칸에 소문자 w를 넣어 단어를 완성해 보세요.

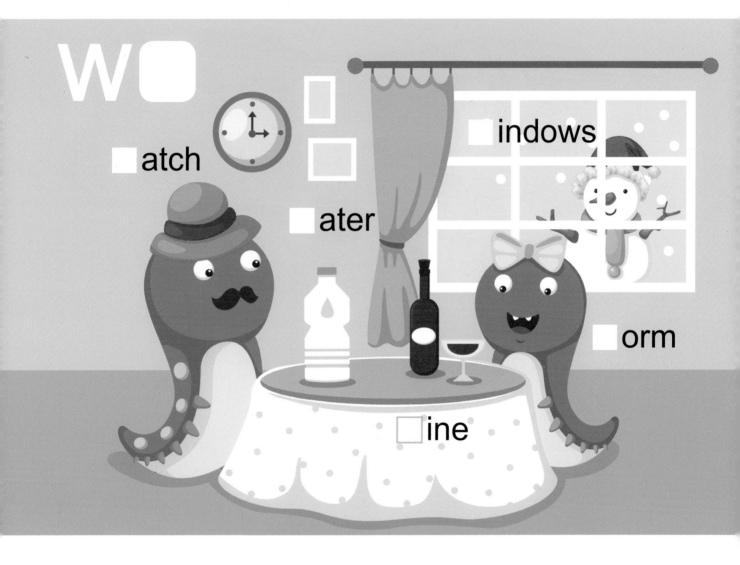

W

☐atch

☐ater

☐indows

☐orm

☐ine

E 다음 그림을 보고 밑줄 친 부분에 알맞은 글자를 대문자로 써 보세요.

❶ ＿ INDMILL

❷ ＿ ATERMELON

❸ ＿ INTER

F 대문자 W와 소문자 w를 모두 찾아서 W는 동그라미, w는 세모를 하세요.

G 대문자 W와 소문자 w를 연결해서 길을 찾아 보세요.

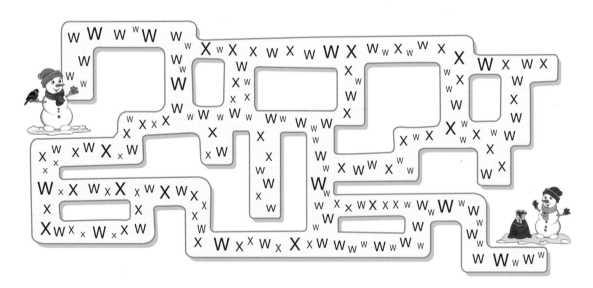

H 대문자 W와 소문자 w를 기억하며 천천히 따라 써 보세요.

Ww

Ww

I 다음 그림을 보고 빈칸에 알맞은 알파벳을 쓰세요.

❶ ❷ ❸

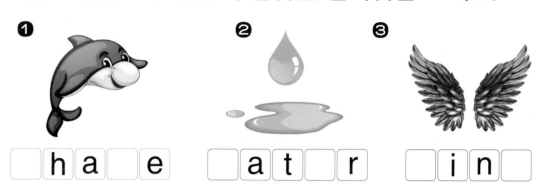

☐ h a ☐ e   ☐ a t ☐ r   ☐ i n ☐

J Ww로 시작하는 영어 단어를 따라 써 보세요.

wind

바람

world

세계

wood

나무

watch

손목시계

watermelon

수박

대문자 X 소문자 x '엑스'

A 대문자 X와 소문자 x를 쓰는 순서대로 따라 쓰며 배워 보세요.

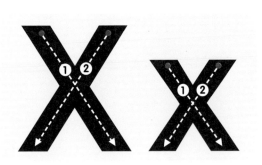

알파벳 Xx의 이름은 '엑스' 예요. 대문자 X는 서로 반대 방향 인 두 개의 사선이 중앙에서 만나도록 써요. 소문자 x는 크기 를 반으로 줄여 아래칸에 맞춰서 써요.

B 대문자 X를 큰소리로 읽으며 차근차근 따라 써 보세요.

◆ 점선을 따라서 예쁘게 써 보세요.

◆ 점을 이어서 예쁘게 써 보세요.

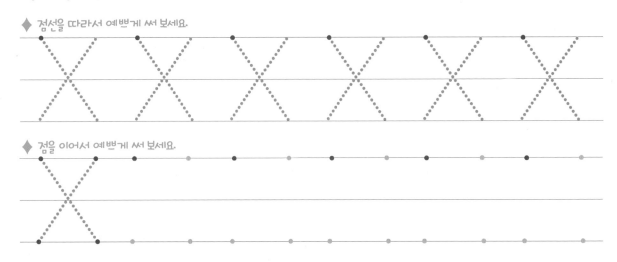

C 소문자 x를 큰소리로 읽으며 차근차근 따라 써 보세요.

◆ 점선을 따라서 예쁘게 써 보세요.

◆ 점을 이어서 예쁘게 써 보세요.

D 다음 그림 안 빈칸에 소문자 x를 넣어 단어를 완성해 보세요.

☐-ray

☐enops

☐mas gift

☐mas cookie

E 다음 그림을 보고 밑줄 친 부분에 알맞은 글자를 대문자로 써 보세요.

❶ __ MAS

❷ __ YLOPHONE

❸ FO __

F   대문자 X와 소문자 x를 모두 찾아서 X는 동그라미, x는 세모를 하세요.

G   대문자 X와 소문자 x를 연결해서 길을 찾아 보세요.

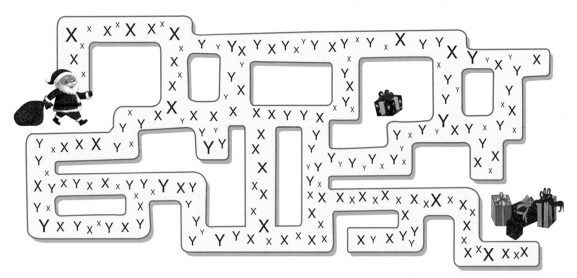

H   대문자 X와 소문자 x를 기억하며 천천히 따라 써 보세요.

Xx

Xx

I 다음 그림을 보고 빈칸에 알맞은 알파벳을 쓰세요.

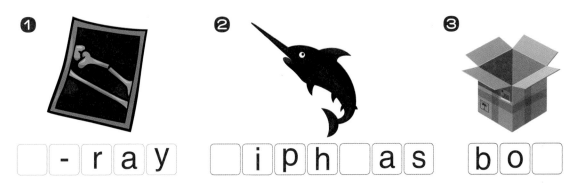

❶ [ ] - r a y   ❷ [ ] i p h [ ] a s   ❸ b o [ ]

J Xx로 시작하는 영어 단어와 Xx로 끝나는 영어 단어를 따라 써 보세요.

xmas

크리스마스

xylophone

실로폰

x-ray

엑스레이

fox

여우

mix

섞다

113

A 대문자 Y와 소문자 y를 쓰는 순서대로 따라 쓰며 배워 보세요.

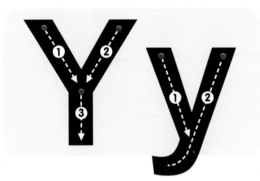

알파벳 Yy의 이름은 '와이' 예요. 대문자 Y는 V처럼 먼저 쓴 다음 연필을 떼지 않고 V자 아래 중앙에서 밑으로 직선을 그어 써요. 소문자 y는 아래칸에 쓰되 작게 오른쪽으로 사선을 긋고 왼쪽 아래 방향으로 사선을 길게 그려 써요.

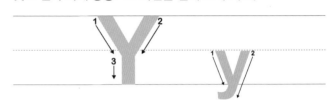

B 대문자 Y를 큰소리로 읽으며 차근차근 따라 써 보세요.

◆ 점선을 따라서 예쁘게 써 보세요.

◆ 점을 이어서 예쁘게 써 보세요.

C 소문자 y를 큰소리로 읽으며 차근차근 따라 써 보세요.

◆ 점선을 따라서 예쁘게 써 보세요.

◆ 점을 이어서 예쁘게 써 보세요.

D 다음 그림 안 빈칸에 소문자 y를 넣어 단어를 완성해 보세요.

Y◻

◻ak

◻acht

◻ear

◻oghurt

E 다음 그림을 보고 밑줄 친 부분에 알맞은 글자를 대문자로 써 보세요.

❶ ＿ ARD

❷ ＿ ARN

❸ ＿ ELLOW

F   대문자 Y와 소문자 y를 모두 찾아서 Y는 동그라미, y는 세모를 하세요.

G   대문자 Y와 소문자 y를 연결해서 길을 찾아 보세요.

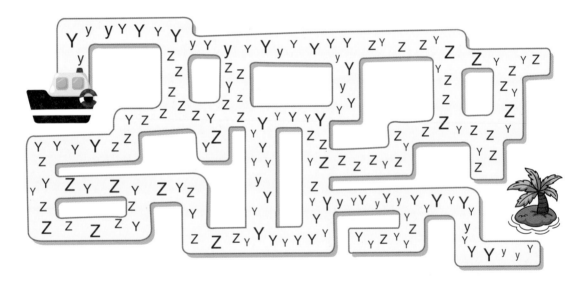

H   대문자 Y와 소문자 y를 기억하며 천천히 따라 써 보세요.

Y y

Y y

I 다음 그림을 보고 빈칸에 알맞은 알파벳을 쓰세요.

❶ [ ] o - y o

❷ [ ] a c h [ ]

❸ [ ] o g a

J Yy로 시작하는 영어 단어를 따라 써 보세요.

yoga

요가

yarn

털실

yellow

노란색

yard

마당

year

한해

Unit 26 대문자 Z 소문자 z '지'

A 대문자 Z와 소문자 z를 쓰는 순서대로 따라 쓰며 배워 보세요.

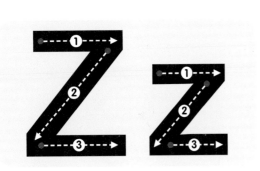

알파벳 Zz의 이름은 '지'예요. 대문자 Z는 3개의 선을 한 번에 이어서 맨 위와 아래는 평행이 되게 가운데는 지그재그로 그려 써요. 소문자 z는 크기를 반으로 줄여 아래칸에 맞춰서 그려 써요.

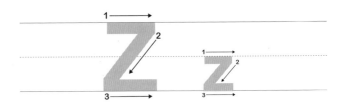

B 대문자 Z를 큰소리로 읽으며 차근차근 따라 써 보세요.

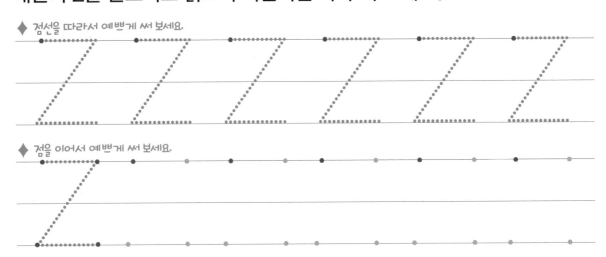

◆ 점선을 따라서 예쁘게 써 보세요.

◆ 점을 이어서 예쁘게 써 보세요.

C 소문자 z를 큰소리로 읽으며 차근차근 따라 써 보세요.

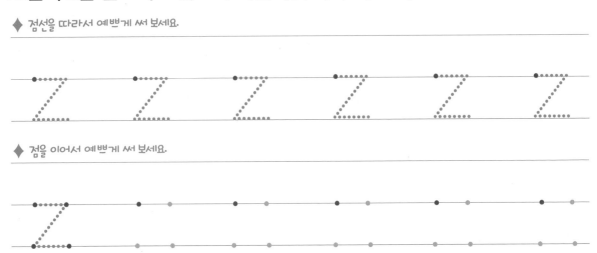

◆ 점선을 따라서 예쁘게 써 보세요.

◆ 점을 이어서 예쁘게 써 보세요.

D 다음 그림 안 빈칸에 소문자 z를 넣어 단어를 완성해 보세요.

□ucchini

□ip

□ebra

□ero

E 다음 그림을 보고 밑줄 친 부분에 알맞은 글자를 대문자로 써 보세요.

❶ __ OO

❷ __ OOM

❸ __ IGZAG

F 대문자 Z와 소문자 z를 모두 찾아서 Z는 동그라미, z는 세모를 하세요.

G 대문자 Z와 소문자 z를 연결해서 길을 찾아 보세요.

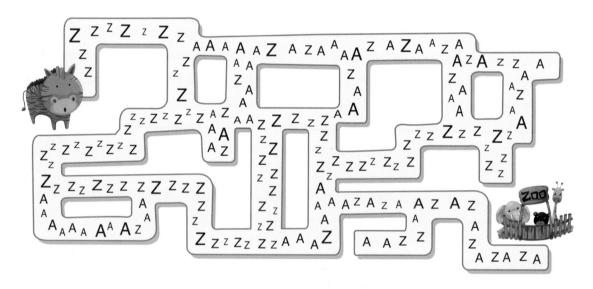

H 대문자 Z와 소문자 z를 기억하며 천천히 따라 써 보세요.

I 다음 그림을 보고 빈칸에 알맞은 알파벳을 쓰세요.

❶ ❷ ❸

| | e | r | a | | | uc | h | | ni | | | ip | | e | r |

J Zz로 시작하는 영어 단어를 따라 써 보세요.

zoo

동물원

zoom

줌렌즈

zigzag

지그재그

zip

(지퍼로) 잠그다

zero

숫자 영

재미있게 복습하기 04

A 대문자는 소문자와 소문자는 대문자와 연결하면서 읽어 보세요.

B 대문자에 맞는 소문자, 소문자에 맞는 대문자를 써 보세요.

❶

❷

❸

❹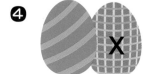

❺

❻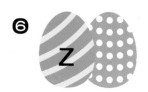

C 퍼즐에서 시계 방향으로 빠진 알파벳 글자를 써 보세요.

❶
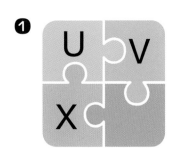

U V
X

❷

V W
X

❸

W X
Z

❹

u

X W

❹

W X

Z

❺

V

W

X

D 빈칸에 들어갈 알맞은 알파벳 글자를 써 보세요.

❶

심판

[ ] m p [ ] r e

❷

고래

[ ] h a [ ] e

❸
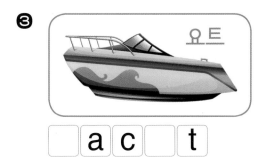
요트

[ ] a c [ ] t

❹
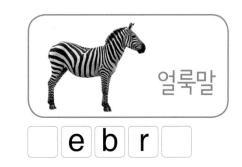
얼룩말

[ ] e b r [ ]

E 알파벳 이름에 맞는 대문자를 써 보세요.

❶ 유   ❷ 뷔   ❸ 더블유   ❹ 엑스   ❺ 와이   ❻ 지

즐거운 알파벳 퀴즈 02

A 천천히 기억하며 빠진 알파벳 글자를 쓰세요.

❶ N ☐ P

❷ Q ☐ S

❸ u ☐ w

❹ x ☐ z

B 초콜렛 조각을 N→O→P 순서대로 따라가서 마지막 알파벳에 ○ 하세요.

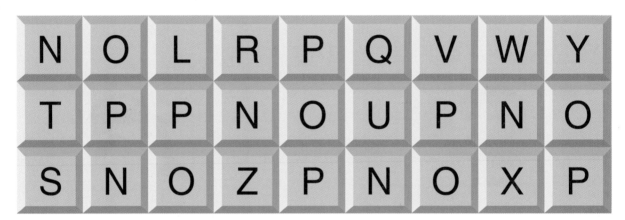

N	O	L	R	P	Q	V	W	Y
T	P	P	N	O	U	P	N	O
S	N	O	Z	P	N	O	X	P

C 다음 그림을 보고 단어의 첫 알파벳에 동그라미 하세요.

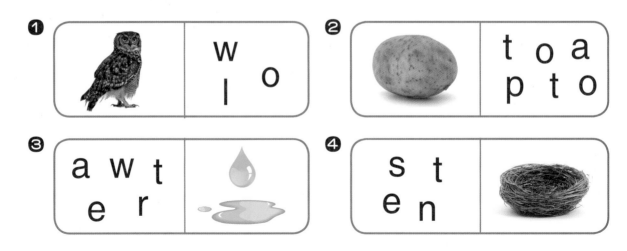

❶ w l o

❷ t o a p t o

❸ a w t e r

❹ s t e n

C 같은 알파벳 끼리 연결해 보세요.

❶ n ●

❷ o ●

❸ s ●

❹ u ●

❺ z ●

N O n S n S

s n n U n

O N U

O S o U S

Z U s S Z z S

u Z n z o n u n

D 펭귄이 이글루로 가는 길에 빠진 알파벳 글자를 쓰세요.

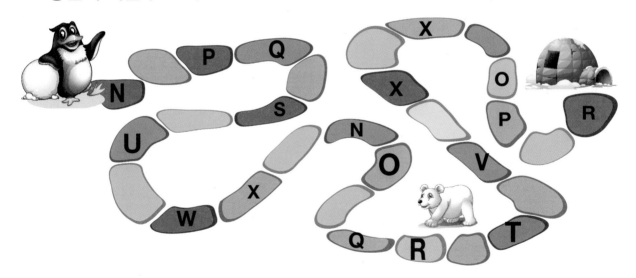

E 다음 그림의 뜻을 쓰세요.

❶   ❷   ❸   ❹

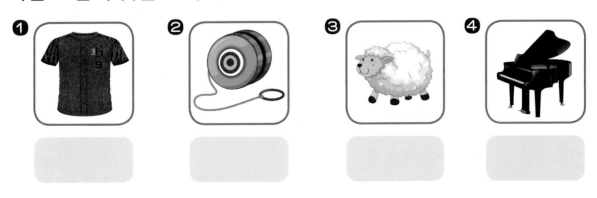

재미있는 알파벳 카드 놀이!

**알파벳 카드로 재미있는 게임을 하며
영어를 배워보세요!**

1. 먼저 선을 따라 잘라서 알파벳 카드를 만듭니다.

2. 카드를 바닥에 펼쳐 놓고 벽이나 바닥에 알파벳을 처음부터
   순서대로 놓으며 맞춰봅니다.

3. A~Z까지 대문자 카드나 소문자 카드를 바닥에 순서대로 올려놓고
   한 글자를 뺀 후 빠진부분을 맞춰봅니다.

4. A~Z까지 대문자 카드나 소문자 카드를 바닥에 순서대로 올려놓고
   손가락으로 따라서 써 봅니다.

5. 앞뒤로 뒤집으면서 알파벳을 맞춰봅니다.

6. 앞뒤로 뒤집으면서 알파벳을 소리내어 읽어봅니다.

7. 틀린 것은 따로 모아놓았다가 다시 한번 암기합니다.

8. 틀린 것만 다시 한번 읽으며 맞춰봅니다.

A

B

C

D

E

F

대문자 카드 만들기

G H

I J

K L

대문자 카드 만들기

M

N

O

P

Q

R

대문자 카드 만들기

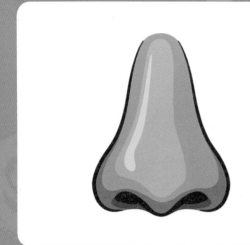

대문자 카드 만들기

S

T

U

V

W

X

대문자 카드 만들기

대문자 카드 만들기

Y

Z

a

b

c

d

대문자/소문자 카드 만들기

e

f

g

h

i

j

소문자 카드 만들기

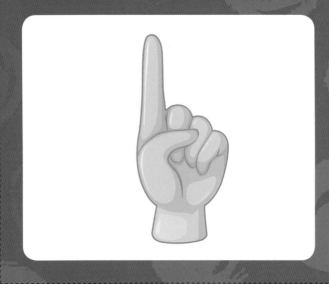

k

l

m

n

o

p

q

r

s

t

u

v

소문자 카드 만들기

소문자 카드 만들기

w

x

y

z

소문자 카드 만들기

소문자 카드 만들기

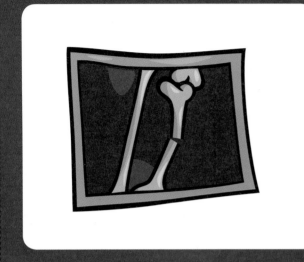